DER WEG NACH LUV

D1720827

Gesamtgestaltung: Eugen Kunz
Druck: Dönges-Druck KG, 6340 Dillenburg

Der Weg nach Luv

Alte Erzählungen — neu entdeckt

Band I

1978

Herausgeber:

Christliche Schriftenverbreitung
Heidenstraße 8—10
5609 Hückeswagen

,Luv' ist in der Seemannssprache die Seite eines Schiffes, die dem Wind zugekehrt ist.

,Lee' ist die Seite, die vom Wind abgekehrt ist.

Der Kapitän eines Segelschiffes achtet auf See nicht nur auf den Kompaß, sondern orientiert sich beim Steuern grundsätzlich auch nach der Windrichtung, nach der ständig gegenwärtigen Linie von Luv nach Lee, die immer den Drehpunkt seines Schiffes schneidet.

Luv ist oben, Lee ist unten.

Den Weg nach Luv — gegen den Wind — muß man sich erkämpfen, nach Lee kommt man von selbst, treibt man, versackt man. Also ist Luv das Mühsame, Zeitraubende — zugleich aber das Bessere, Sicherere. Lee dagegen ist das Zweitrangige, Mindere — auch das Gefährlichere.

„. . . damit ihr prüfen möget, was das Vorzüglichere sei . . ."

(Philipper 1, 10)

Inhalt:

Schiff in Not!

Vor der Küste Ostfrieslands zieht sich eine Reihe schmaler, langgestreckter Inseln hin.

Einst bildeten sie die Küste des Festlandes, aber vor vielen Jahrhunderten bereits hat die gefräßige See in gewaltigem Ansturm die zusammenhängende Linie zerrissen. Jetzt sind die Inseln ein natürliches Bollwerk gegen den oft gewaltigen Wogenanprall und schützen so das dahinter gelegene Festland. Ackerland ist selten auf diesen Inseln, und deshalb sind seit Generationen ihre Bewohner fast ausschließlich Fischer gewesen.

Das änderte sich dann in den letzten Jahrzehnten vollständig. Zwar wurde auch da hin und wieder noch der Fischfang vom Boot aus mit einem Handnetz oder mit der Angel betrieben. Aber war schon früher der finanzielle Ertrag dieses Berufes gering, so wurde die Lage der Fischer besonders durch den Bau der Fischdampfer, die den Fang nach rationellen Methoden betrieben und dabei in der Lage waren, auch entfernter gelegene Fischgründe regelmäßig aufzusuchen, noch schwieriger. Deshalb waren diese Fischer gezwungen, ihre Selbständigkeit aufzugeben und sich nach anderen, besseren Erwerbsquellen umzusehen.

Still und einförmig verlief noch in der zweiten Hälfte des vorigen Jahrhunderts das Leben auf diesen Inseln. Ein Ereignis war es schon, wenn das Fährschiff einmal einen Fremden an

Bord hatte. Auch das hat sich nun in den letzten Jahrzehnten vollständig geändert. Je mehr das geschäftige Treiben die Nerven der Großstädter verbrauchte, desto mehr lernte man die Ruhe auf diesen Inseln und ihre reine, kräftigende Luft schätzen. Jetzt bevölkern in den Sommermonaten alljährlich viele Zehntausende diese Inseln. Dann ist von Einförmigkeit nichts mehr zu merken. Aber in den langen Wintermonaten, wenn die großen Häuser leer und verlassen dastehen, zeigen die Inseln fast noch das frühere Bild.

Es war an einem klaren Oktobertag. Das Fährschiff lag segelfertig da, und ein starkgebauter hochrädriger Leiterwagen fuhr über die fahlgrünen Wattwiesen einige Herren zum Schiff. Es war Ebbe, und das Schiff konnte nicht dicht an den Strand heran. Einige Schiffer standen zusammen und besprachen das Ereignis, das für sie alle von großer Bedeutung war: Die Fremden gehörten einer Gesellschaft an, die auf der Insel ein Badehotel mit Strandhallen errichten wollten. Mit den Arbeiten sollte bald begonnen werden, damit im nächsten Sommer bereits Gäste aufgenommen werden konnten.

Kein Wunder, daß die in Aussicht stehende Bautätigkeit die Gemüter erregte. Jeder, der ein Fahrzeug hatte, überschlug, wieviel Baumaterial er wohl herbeischaffen könne, denn der Transport sollte den Inselschiffern übertragen werden. Viele waren es ja nicht, die noch ein seetüchtiges Fahrzeug hatten, denn die Küsten-Dampfschiffahrt hatte ihnen viel Verdienst genommen, und die wenigen größeren Fahrzeuge, die noch auf der Insel waren, lagen auf dem Schlick, zum Teil bereits morsch und leck, für unruhige See nicht mehr zu gebrauchen. Wer aber im Besitz eines guten Fahrzeuges war, der schmunzelte.

8

Das tat auch Pitt Rickmers, ein stämmiger, breitschultriger Mann von etwa fünfzig Jahren. Er war im Rechnen und Pläne-machen der Eifrigste, denn er hatte die meisten Gewinnaus-sichten. Man sah seinem breiten Gesicht die Freude an, als er zu seinem Bruder sagte:

„Fein, Jan, das mit den neuen Bauten. Das bringt wenigstens noch mal wieder Geld auf die Insel. Es war aber auch just die höchste Zeit, denn mit dem Schellfischfang ists nichts mehr, und der Granat scheint auch von unserer Insel wegziehen zu wollen. Wahrhaftig, es wird alles schlechter auf der Welt. Und wenn wir nicht diesen Badestrand hätten und nun bald auch Badegäste hierher bekommen – ich hätt bald nicht mehr ge-wußt, was anfangen."

Pitt Rickmers war immer zum Übertreiben geneigt, sei es zum Guten oder Schlechten. Und doch stand er sich gar nicht schlecht. Er war einer der Meistbegüterten auf der Insel, aber die Sucht, noch mehr zu haben, erfüllte sein Herz und be-stimmte sein ganzes Tun.

Sein Bruder war ganz anders. Jan war ein wahrer Christ, ruhig und ernst, und er ließ sich durch das Wort Gottes leiten. Geld und Gut hatte er nicht viel, doch klagte und murrte er nie. Er wußte sich in den guten Händen Gottes. Er kannte das Gebot und die Verheißung: ‚Trachtet aber zuerst nach dem Reiche Gottes und nach seiner Gerechtigkeit, und dies alles wird euch hinzugefügt werden.' Hieran dachte er auch jetzt, als ihn sein Bruder anredete. Da er nicht sofort antwortete, fuhr der ande-re fort:

„Wahrhaftig, Jan, wir könnens alle gut gebrauchen, und du doch besonders. Dabei stehst du da, als machtest du dir aus der ganzen Sache nichts. Und doch ist es ein Glück und ein Segen für die ganze Insel."

Er hatte hastig gesprochen und sah seinen Bruder erwartungsvoll an. Jan erwiderte ruhig:

„Wenn Gott es segnet, ja, dann kann ein Segen daraus werden, sonst aber nicht."

„Ach was", rief Pitt verdrießlich, „daß du in alles Gott hineinbringen mußt! Die Hauptsache ist doch, daß wir allerlei Verdienstmöglichkeiten auf die Insel bekommen. Darüber solltest du dich doch freuen, und daß sich auch für deinen Wilhelm Arbeit finden wird. Gebrauchen kannst du es doch!"

„Das leugne ich auch gar nicht, Pitt", entgegnete Jan ebenso ruhig wie vorher, „und sollten wir etwas davon mitbekommen, so freue ich mich gewiß. Aber ich lebe doch nicht deshalb, weil hier ein Seebad hinkommt, sondern weil Gott in Seiner Güte mich nie vergißt. Und er kann mir etwas geben, wenn auch das Auge nichts sieht als nur Verdrießliches, – so wie du eben vom Schellfisch- und Granatfang sprachst. Das ist ja eben der Unterschied, der Glaube stützt sich auf Gott und ist zufrieden. Der Unglaube sieht nur das Sichtbare, und je nachdem, ob die Aussicht heiter oder trübe ist, so ist dann auch die Stimmung. Gott aber ist unveränderlich in Seiner Güte und Macht, und darum kann der Glaube so ruhig und fröhlich sein."

„Ach, schnack doch nicht immer solch fromme Worte", sagte Pitt ärgerlich. „Wir wollen lieber mal beraten, wie wir dabei am besten verdienen können. Ich werde da oben eine Kantine errichten mit Schlafstellen für die Bauleute, dann verdien' ich Tag und Nacht. Und Steine werde ich auch noch vom Festland herüberholen. Sicher, ich werd mich schon rühren, mein Teil mitzubekommen."

Die Umstehenden sahen Pitt Rickmers neidisch an. Er wohnte ja auch den Baustellen am nächsten, und es konnte nicht ausbleiben, daß er „sein Teil mitbekam", wie er sagte.

Ein wenig spöttisch meinte Hein Kemkes:

„Du bist immer ein Glückskind gewesen. Und das mit dem Glauben ist doch mehr eine fromme Redensart. Dir hat es jedenfalls nicht geschadet, daß du immer tüchtig zugegriffen hast, wenn es etwas zu verdienen gab!"

„Ei freilich. Sich selbst helfen, da habe ich es stets mit gehalten. Und du sollst sehen, Hein, auch diesmal fällt für mich genug ab. Oder meinst du nicht?"

„Glaubs schon", nickte Kemkes nachdenklich.

Jan Rickmers aber konnte sich nicht enthalten zu sagen:

„Wenn Gott will, Pitt. Wenn Gott will."

Ungläubig und ungeduldig zuckte Pitt die Achseln und ging seinem Hause zu. Da die anderen sich ebenfalls anschickten fortzugehen, so wandte sich auch Jan Rickmers dem im Schutz der Dünen liegenden Dorf zu mit Wilhelm, seinem ältesten Sohn. Schon waren sie einige Schritte gegangen, als jemand rief:

„Du, Willm, ich wollte meine Tjalk seefertig machen. Ein guter Anstrich schadet ihr nicht. Willst du mir nicht helfen?"

Der so fragte, war ein junger Mann, etwas älter als Wilhelm. Er hatte ein eigenes, fast neues Schiff und damit Aussicht, etwas zu verdienen. Wilhelm wandte sich um und erwiderte kurz:

„Ich komme nachher." Dann ging er schweigend neben seinem Vater heim.

Das Häuschen Jan Rickmers lag am äußersten Ende des Dorfes und war wie alle übrigen von einem kleinen Garten umgeben. An dem Holzzaun, der das Anwesen umgrenzte, blühten noch großblumige Winden. Auf einigen Beeten prangten bereits Astern und Dahlien, die den nahen Herbst ankündigten. Schöne Blumen waren der Stolz und die Freude Anntrinas, Jans Schwägerin, die an Stelle der verstorbenen Schwester das Hauswesen leitete. Sie war eine behäbige Frau vom echten alten Schlag der Inselbewohnerinnen, die sich aus Putz und Tand nichts machten, dafür aber an Blumen, die auf den sandigen Inseln so selten sind, ihre helle Freude hatten. Den Glauben ihres Schwagers teilte sie nicht. Das war ihr alles zu einfach. Das paßte ihr nicht. Sie ließ sich nicht gern etwas schenken, sie wollte sich alles selbst verdienen, auch den Himmel. Jan Rickmers hatte einen schweren Stand, nicht nur in seinem eigenen Haus, sondern auch auf der ganzen Insel. Seine Bemühungen, die Bewohner für den Herrn Jesus zu gewinnen, stießen auf großen Widerstand. Und doch hatte man Vertrauen zu ihm. So hatte gerade er denn auch am Vormittag den Auftrag erhalten, die Baukommission bei ihrer Besichtigung über die Insel zu führen und diese Herren auf das Besondere der Küste und der Flutverhältnisse hinzuweisen.

Als Vater und Sohn das Haus betraten, war Anntrina eben dabei, den Tisch zu decken.

„Na, ich dachte, ihr kämt überhaupt nicht wieder", begrüßte sie die Ankommenden. „Wenn die Kartoffeln nicht so zäh geworden sind wie alter Seetang, solls mich wundern."

„So schlimm wird es nicht sein", beschwichtigte Jan Rickmers, „die Herren der Baukommission fuhren eben erst ab, und da konnten wir nicht früher kommen."

„Ja, ich sah es. Das ist ja ein Glück mit den Badestränden! Wir nehmen doch auch ein paar Badegäste. Zwei Zimmer können wir gut entbehren. Und das eine ist ja noch tapeziert von früher her. Eine wahre Schande ist es, daß wir die teure Tapete auf die Wände geklebt haben, und nachher kam der angemeldete Gast nicht. Na, vielleicht klappt es von nun an besser."

Jan Rickmers lachte gutmütig.

„Da siehst du, was unsere Berechnungen wert sind. Wir rechnen und kalkulieren und denken, so gehts – dann macht Gott einen Strich durch unsere Pläne, und alles war umsonst. Weißt du noch, wer damals so spekuliert hat, Anntrina?"

„Das ist nicht schön von dir, Jan, daß du mich immer daran erinnerst. Das habe ich nun davon, daß ich dir deine Kinder großziehe! Geht es gut, bekommt man keinen Dank, und wenn mal etwas schiefgeht, wird man gleich gehänselt."

„Aber Anntrina, habe ich denn jemals . . ."

„Ach was", unterbrach sie ihn unwirsch, „ich bin eine gutmütige Frau, und ich kann schon einiges vertragen. Aber mir immer vorzuhalten, wenn es mal nicht einschlägt, wie man will, das – aber so seid ihr Männer. Ihr wollt alles am besten können. Und gerät es euch nicht – na, ich will nichts sagen. Deine Kinder dauern mich, Jan, und sie großzuziehen, habe ich meiner Schwester gelobt, sonst . . ."

Sie sprach das so oft angedrohte Wort nicht aus, sondern rief zu Tisch. Vier kräftige Buben hatten schon erwartungsvoll Platz genommen, und Anntrina trug auf.

Das Mittagessen verlief wie immer. Nur Wilhelm war schweigsam und bedrückt, so daß es selbst seine Tante bemerkte. So lange man aber Fisch aß, duldete sie nicht, daß gesprochen wurde, „von wegen der Gräten", wie sie jedesmal betonte. Und sie selbst hielt das streng ein, obschon sie im allgemeinen viel und gern sprach. Diesmal dauerte es ihr aber entschieden zu lange. Sie legte ein Stück ihres Fisches fort, „zum Abendbrot", wie sie sagte, obgleich genügend frische Fische da waren, die gebraten werden konnten, und wandte sich an Wilhelm:

„Junge, warum bist du denn so still? Fehlt dir was? Hast du Fieber oder Rheumatismus?"

Sie kannte nur diese beiden Krankheiten – die unter den Fischern ja auch häufig auftraten – und hatte für beide auch dasselbe Mittel: Tee. Und zwar mußte er einmal heiß getrunken werden, und das andere Mal fand er als warmer Umschlag Verwendung. Sie wollte schon ihr Allheilmittel holen, als Wilhelm heftig antwortete:

„Ach was! Wie kommst du denn darauf?"

„Weil du so still und in dich gekehrt bist, Willm", entgegnete sie. „Aber deshalb brauchst du nicht gleich so loszuballern, wenn dir nichts fehlt. Dann schau dich doch lieber um, ob du nicht was beim Bau verdienen kannst."

„Das ist es ja eben, was mich ärgert", platzte Wilhelm noch heftiger heraus. „Gesund sein und zusehen müssen, wie andere reich werden, und selbst keinen Pfennig davon mitzukriegen – es scheint ja, als wären wir gerade zum Unglück geboren."

14

„Willm, Willm!" sagte der Vater ernst und verweisend, „gehört sich eine solche Sprache?"

„Ist es denn nicht so?" fuhr Wilhelm noch heftiger fort, „und ist es nicht zum Teil deine Schuld? Du gingst doch mit den Herren der Kommission und mußtest sie beraten, wohin am besten gebaut würde. Konntest du ihnen denn nicht gerade so gut einen Platz in der Nähe unseres Hauses anweisen wie den dicht neben Onkel Pitts Grundstück? Ist der denn nicht schon reich genug? Er hat das beste und größte Schiff auf der ganzen Insel. Es fehlt ihm nur noch ein Dampfer. Aber der kommt wohl noch, wenn er erst mal die Kantinen stehen hat, in die man ihm das Geld haufenweise tragen wird."

Erschrocken und erstaunt sah Jan Rickmers seinen Sohn an, und ernst entgegnete er:

„Junge, — stimmt dieser Zorn mit deinem früheren Bekenntnis überein? Weißt du noch, was du einmal bekanntest, und wie du gelobtest, ein Nachfolger des Herrn Jesus zu werden?"

„Das ist schon lange her, Vater. Damals war ich noch ein Kind. Wenn man älter wird, sieht das alles ganz anders aus. Dann denkt man doch in erster Linie mal daran, im Leben weiterzukommen. Schlimm genug ist es ja schon, daß man auf dieser öden Insel sitzt, wo einem so wenig Gelegenheit dazu geboten wird. Nun aber auch diese Gelegenheit nicht einmal nutzen zu können, das verbittert mich geradezu. Warum bin ich denn auf der Welt, wenn ich mich nicht anstrengen soll, etwas zu erreichen?"

Er hatte sich in eine immer größere Erregung hineingeredet, und seine scharfen blauen Augen blitzten den Vater fast feindselig an. Dieser war sehr traurig. Schon lange hatte er gemerkt, daß sein ältester Sohn nicht mehr so war wie früher. Daß das Trachten des Jungen so sehr auf Geld und Gut und auf ein „Weiterkommen" in dieser Welt gerichtet war, das hätte er nicht gedacht, denn Wilhelm hatte es verstanden, seine Gefühle und seine Gedanken dem Vater gegenüber zu verbergen. Aber nun brach es aus dem Jungen heraus, und er konnte und wollte sich nicht mehr länger beherrschen.

Der Vater war erschüttert. Immer wieder schaute er seinen Jungen an. Was hatte er bei der Erziehung des Jungen falsch gemacht, was hatte er versäumt? Waren denn all die vielen Ermahnungen und Hinweise und Warnungen und all seine Gebete umsonst gewesen?

Als seine Frau gestorben war, hatte er geahnt, daß es seine schwerste Aufgabe sein würde, die Kinder zu erziehen und früh zum Herrn Jesus zu führen. Er versuchte ihnen deshalb in allem ein gutes Vorbild zu sein und ließ es an den notwendigen Unterweisungen nicht fehlen. Aber er fand auch sehr schnell heraus, daß es noch besser war, wegen der Kinder viel mit Gott zu reden. Und so lernte er anzuhalten in allem Flehen und Fürbitten. – Nun dieses Ergebnis!

Unendlich traurig sah der alte Fischer seinen Sohn an und erwiderte:

„Du fragst warum, Willm? Hast du denn alles vergessen, was dich einst so glücklich machte?"

„Glücklich!" Der junge Mann lachte bitter auf. „Kann man da glücklich sein, wenn man nichts hat, als daß man eben von Tag zu Tag am Leben bleibt? Ist das Glück, wenn ich ein paar Schellfische fange und die in den Küstenstädten an den Mann zu bringen suche? Ich danke für solch ein Glück – wenn d a s Leben heißen soll!"

„O nein, Willm", entgegnete Jan Rickmers sehr ernst und bestimmt, „das ist nicht der Zweck des Lebens. ‚Trachtet zuerst nach dem Reiche Gottes‘, das ist unsere Lebensaufgabe. Das andere ist uns alles dazu verheißen. Und das hört nie auf, Junge. Mit der Aufgabe kommen wir nie zu Ende, denn im Reich Gottes gibt es immer Arbeit, von Tag zu Tag. Und jeden Morgen sollte es das erste für uns sein, danach zu trachten, das Reich Gottes zu fördern, zu helfen, wo es nötig ist."

Der Junge schaute finster vor sich hin. Nun entgegnete er spöttisch:

„Schade, daß diese Arbeit so schlecht bezahlt wird, Vater."

„Auch darin irrst du, Willm. Der Lohn hält für die ganze Ewigkeit aus. Nicht allein, daß mir hier nichts mangelt, daß ich hier von allem, was ich brauche, genug habe, nein, der Lohn reicht noch hinüber in die Ewigkeit. Oder hast du jemals Mangel gehabt?"

„An Kartoffeln, Schellfischen und Garnelen nicht, auch nicht an einem Schlafsack, mit Seetang ausgestopft, sonst aber doch so ziemlich an allem, was das Leben Schönes bietet."

„Junge, halt ein auf deinem Weg! Der führt zu nichts Gutem! Du suchst dein Glück im Reichtum. Denk daran: ‚Wer reich werden will, fällt in Versuchung und Fallstrick.‘ Willm, mein Junge, laß dich warnen!"

Doch Wilhelm hörte schon nicht mehr auf den Vater. Trotzig erhob er sich und holte seine Mütze vom Haken herunter, um hinauszugehen und Gerd Lammers beim Anstreichen seiner Tjalk zu helfen. Jan Rickmers aber ging bedrückt in die Dünen, um einen Schloop, ein von der Meeresflut aufgerissenes Loch in der Düne, zuzuwerfen.

Verdrießlich und mißmutig ging Wilhelm durch die Dünen zu der Stelle, wo die Fahrzeuge gewöhnlich verankert lagen. Sein Freund Gerd war noch nicht da. Unzufrieden mit sich und der ganzen Welt setzte er sich auf den Rand der Tjalk und blickte über das weite Meer. In der Ferne zog ein Dampfer vorbei, die schwarzen Rauchwolken zeichneten sich deutlich vom blauen Himmel ab. Es war herrliches Wetter, gar nicht wie im Herbst.

Wilhelm schob seine Wollmütze in den Nacken, um sich den lauen Wind um die Stirn wehen zu lassen, als sollte der die bösen Gedanken verjagen. Doch die blieben und bohrten sich immer tiefer ein.

Er schaute auf Gerds Tjalk, ein schmuckes, seetüchtiges Fahrzeug, mit dem etwas Ordenliches unternommen werden konnte. Etwas tiefer, mehr im Wasser, lag das Schiff seines Onkels, das beste und größte auf der Insel, und weiter abwärts die Tjalk seines Vaters, ein altes morsches Ding, kaum noch bei ruhiger See zu gebrauchen. Und wenn es erst einmal ein bißchen blies – nein, dann war nicht an Fahren zu denken, und so lohnte es sich nicht, das Boot instand zu setzen. Wilhelm wurde immer neidischer. Wütend bückte er sich und hob ein angeschwemmtes Stück Holz auf, das er nach dem alten Fahrzeug hinüberschleuderte, als ihm plötzlich eine rauhe Stimme zurief:

„Das nützt dir wenig, Willm! Damit verdienst du nichts!"

Rasch wandte Wilhelm sich um und sah einen älteren Mann mit verwitterten Zügen und borstigem Haar auf sich zukommen. Ein spöttisches Lachen lag auf dem breiten, derben Gesicht. Gemächlich kam er näher und setzte sich neben Wilhelm auf den Rand der Tjalk und sagte:

„Schön ists ja nicht, wenn man helfen muß, anderen Leuten die Taschen zu füllen, und bleibt selbst ein armer Schlucker, der sich kaum ne Pfeife Tabak und nen Grog gönnen kann. Ich versteh dich schon, Junge. Noch dazu, wenn man so jung ist wie du. Wann fahrt ihr rüber?"

„Wenn es so bleibt, in zwei Tagen", knurrte Wilhelm. „Bei dem Wetter, – so etwas kennt man ja nicht. Schon halber Oktober, und es hat noch nicht ein einziges Mal gestürmt."

„Wird bald genug kommen!" brummte der alte Kemkes.

„Ja, das glaube ich auch. Schlimm genug ist es ja, wenn es Anfang November losbricht. Allerheiligen ist für unsere Küste von jeher ein Unglückstag gewesen."

„Wie man es nimmt, Junge", sagte Kemkes mit vielsagendem Lachen. „Unserem Strand ist doch manches dabei zugute gekommen."

„Davon spricht man besser nicht", entgegnete Wilhelm noch leiser, wobei er sich unbehaglich umsah.

„Du meinst, man denkt sich besser sein Teil, nicht wahr?" bemerkte der Alte mit spöttischem Ausdruck. „Freilich, das ist schon richtig: Die Leute sind tugendhafter geworden. Die Zeiten sind vorüber, wo um einen ‚gesegneten Strand' gebetet wurde, und wo hier und da einer ein bißchen Vorsehung spielen half und irgendwo ein Licht an den Strand hing. Das gibt es nicht mehr, leider. Na, was guckst du so erschrocken? Welcher Unterschied ist es denn, wenn meine Voreltern es taten, und ich denk es nur, und die anderen alle auch, aber die so ganz im stillen natürlich. Wenn ich wünsche, daß der Nordwest ein paar Schiffe auf unseren Strand jagt . . . Der Bergelohn für Strandgüter ist doch nicht zu verachten. Und auch sonst wäre dabei allerlei zu verdienen, wenn man nur aufpaßt. Oft an einem Tag mehr als sonst im ganzen Jahr."

Wilhelm schüttelte den Kopf. Solche Gedanken waren ihm noch nie gekommen. Das war ja . . .

„Du liebe Zeit!" rief der Alte gereizt, „bist du auch schon von deinem Vater angesteckt? Glaubst wohl, dein Onkel und Gerd Lammers und die anderen alle, denen wäre das Geld zugeflogen? Daß ich dich nicht auslache, du leichtgläubiger Tropf! Bist doch sonst ein heller Junge. Aber weil du nun so bist, so sag mir doch, wo es geschrieben steht, daß es eine so fürchterliche Sünde ist, wenn ich mir denke: Soll schon einmal dies oder jenes Schiff stranden, dann doch am liebsten an unserem Strand?! Warum soll ich denen von Juist, Borkum oder Norderney den Verdienst eher gönnen als mir?"

„Ich weiß es nicht", antwortete Wilhelm kleinlaut, „aber ich denke, es ist Unrecht, solche Gedanken zu haben."

„Ach, Quatsch!" rief Kemkes grob. „Unrecht! Ist es auch Unrecht, wenn ich solch herrenloses Gut auflese, das am Strand umherliegt?"

„Darüber verfügt doch die Landesregierung", bemerkte Wilhelm noch immer kleinlaut.

Der Alte stieß einen Fluch aus.

„Landesregierung! Daß ich nicht lache! Ich sehe, du hast dir auch schon diese neumodischen Albernheiten in den Kopf gesetzt. Es ist nichts mit dir anzufangen. Und ich hatte doch etwas Gutes mit dir vor. Jetzt, wo solche Aussichten sind!"

Der junge Mann horchte auf. Was mochte der Alte wohl vorhaben? Wilhelm hatte im Grunde nicht gern etwas mit Kemkes zu tun, denn es hieß allgemein, daß dieser oft im Trüben fische. Zweifelnd blickte er auf Kemkes, der, als er merkte, daß Wilhelm ihn aufmerksam ansah, sein treuherzigstes Gesicht aufsetzte. Dann fragte Wilhelm scheu:

„Was meint Ihr mit den Aussichten, Kemkes?"

„Nun, du bist doch noch ein junger Bursche und willst voran in der Welt. Reizt es dich denn nicht, wenn du siehst, wie Gerd Lammers eine so schmucke Tjalk hat und auch dein Onkel?"

Lauernd sah er Wilhelm an, der sich an seiner wundesten Stelle berührt fühlte. Das kleinlaute, unsichere Wesen des Jungen war wie abgestreift, sein Blick umdüsterte sich, und grollend sagte er:

„Daran braucht Ihr mich nicht erst zu erinnern, Kemkes."

„Na, siehst du. Und doch könntest du es ebenso haben."

„Ich? Wie soll ich das denn machen?"

Verwundert sah er den Alten an, der ein Grinsen nicht unterdrücken konnte und leise entgegnete:

„Dein Vater hat doch so nen alten Kasten."

„Ja. Drüben liegt er. Staat kann man nicht mehr damit machen und verdienen noch weniger."

„Wie man es nimmt, Junge. Ich wüßte schon ein Mittel, um noch etwas Ordentliches aus dem Kasten herauszuholen."

Dabei sah er Wilhelm gespannt an, der kurz fragte:

„Wie denn, Kemkes?"

„Na, ich denke, das alte Ding hat seine Schuldigkeit getan. Wenn so ein Kasten mal seine Jahre auf dem Buckel hat, ist es aus damit. Und darum hab ich ihm ein sanftes Ende zugedacht. Ich würde ihn an deiner Stelle auf die Kante bringen."

„Was? Wegsetzen? Vorsätzlich absaufen lassen?" stieß Wilhelm erschreckt hervor.

„Schrei doch nicht so, Willm!" entgegnete der Alte ärgerlich, „und tu doch nicht so erschrocken, als ob so etwas noch nie vorgekommen wäre. Es wäre nicht das erste und sicher auch nicht das letzte Mal. Verlaß dich drauf. Ich habe mehr gesehen als du. Und was macht es der Versicherung aus, ob sie mal ein paar tausend Mark ausgibt – so hoch ist der alte Kasten wohl versichert – nichts, sage ich dir. Die Aktionäre bekommen so noch Prozente genug, darum können sie unsereinem auch mal was gönnen. Denen schadets nicht, und dir ist geholfen."

„Das kann ich nicht", erwidert Wilhelm gepreßt.

„Ach was, überleg dir die Sache mal. Was meinst du wohl, wie Gerd Lammers zu seiner neuen Tjalk gekommen ist?"

„Wie denn?" fragte Wilhelm.

22

„Ebenso", antwortete Kemkes geheimnisvoll.

„Ist das wahr?" rief der junge Mann entsetzt aus.

„Wahr, Willm? So sicher, wie ich hier neben dir sitze. Ich muß es doch wissen, denn ich habe ihm ja dabei geholfen."

Sprachlos, mit offenem Mund starrte Wilhelm den Mann an, und tonlos entgegnete er:

„Ihr, Kemkes?"

„Ja, ich, Junge. Was ist denn dabei? Ich helfe dir auch. Die Sache ist doch einfach genug. So etwa sechs oder acht Fahrten hält der Kasten noch immer aus. Und Gefahr ist nicht dabei, bestimmt nicht. Wenn nun die Steinlieferungen anfangen, dann bewirbst du dich darum, eine Ladung Steine von der Weser her zu holen. Und dann, na, du verstehst mich schon. Auf ziemlich tiefem Wasser muß es geschehen. Hinten oder vorn, wie es sich ergibt, schlagen wir ein ordentliches Loch in die Wandung, und ganz gemütlich sackt der Kahn weg, während wir auf einem kleinen Boot nach dem Festland fahren. Wir sind dann eben auf ein Wrackstück gestoßen, – das kann jedem passieren, noch dazu in der Dunkelheit. Daß wir uns von dem Ding, das sowieso kaum noch zusammenhält, schleunigst retteten, kann uns kein Mensch verdenken."

Er machte eine Pause und sah prüfend den jungen Mann an, der wie versteinert dasaß.

Nach einer Weile sagte Wilhelm: „Ich tu es nicht."

Aber man konnte schon deutlich die Unsicherheit in seiner Stimme hören. Kemkes versuchte seine Freude zu verbergen und fing von neuem an:

„Ach was, Junge. Sei doch nicht solch ein Angsthase. Ich sage dir, es geht von selbst. Kein Mensch merkt etwas, und dein Vater bekommt seine paar tausend Mark ausbezahlt, davon kann er sich ein neues Fahrzeug anschaffen. Fünfhundert Mark läßt du dir von ihm geben, denn die Tjalk ist von deiner Mutter her. Das Geld kannst du verlangen. Hundert Mark gibst du mir, weil ich dir geholfen habe, und das andere ist für dich. Gebrauchen kannst du es doch, oder nicht?"

Der junge Mann seufzte gepreßt auf, sagte aber nichts, und der Alte fuhr fort:

„Ich weiß schon. Wenn man jung ist, fehlt es immer an Kleingeld. Kommt man mal zum Festland hinüber, dann will man doch da wenigstens sein Vergnügen haben. Das kostet Geld, Junge, ich weiß es von früher. Oder ist es dir noch nicht so ergangen?"

Herausfordernd sah er Wilhelm an, der bleich und in sich zusammengesunken auf dem Rand der Tjalk hockte. Die Lippen hatte er fest zusammengepreßt. Er kämpfte schwer, und ruckweise stieß er hervor:

„Ich kann nicht – noch nicht – Kemkes. Ich . . ."

„Überleg es, Junge", unterbrach ihn der Alte. „Das braucht heute und morgen noch nicht zu sein. Sieh, da kommt Gerd Lammers. Und der ist doch so schön in Gang gekommen, Willm, oder nicht? Na, ich spreche noch mal vor."

Er wollte langsam weitergehen, machte auch schon ein paar Schritte, als er wieder stehenblieb und sagte:

„Fast hätte ich etwas vergessen. Ich war gestern auf dem Festland, und da gab mir Hinrichs, der Gastwirt im Dorf auf dem Siel, einen Brief an dich mit. Wirst wissen, was drinsteht. Hier ist er."

Dabei knöpfte er seine schmutzige Jacke auf und holte aus der Tasche den Brief hervor. Hastig steckte Wilhelm den Brief ein.

„Ja, ja, ich weiß schon", sagte er schnell.

„Dann ist es ja gut. Hinrichs meinte nur noch, es wäre bald Zeit mit dem, was drinsteht. Na, das ist ja deine Sache, aber ungemütlich ist es doch, Willm, wenn man so gedrängt wird. Ich weiß es."

Damit ging er langsm fort, tiefer in die Dünen hinein, und der junge Mann sah ihm mit sehr gemischten Gefühlen nach. −

Wilhelm hatte sich seit der Unterredung mit Hein Kemkes sehr verändert. Scheu und gedrückt ging er umher, und mißtrauisch sah er alle Menschen an. Er wurde aus sich selbst nicht mehr klug. Und dachte er an all die anderen im Dorf, dann erfaßte ihn ein starker Widerwille. Er sah sich jetzt die Menschen etwas genauer an. Da saßen sie in der Schenke alle so friedlich und einträchtig beieinander, Gerd Lammers, der alte Kemkes, sein Onkel und noch viele andere, deren Lebensgeheimnisse er nicht kannte. Waren sie alle gleich? Er wußte es nicht. Man mußte sie alle für gleich ehrbar halten. Also darauf kam es an, den wirklichen Zustand vor den Menschen zu verbergen. Nur ehrlich zu scheinen, das war wichtig.

Er begann den Vorschlag des alten Kemkes zu überdenken, ihn zu prüfen, und immer mehr fand er, daß dieser Vorschlag gar nicht so übel war. Der Verlust traf ja nicht eine einzelne Person, und der Versicherung machte es nichts aus. Der Gewinn aber lockte von Tag zu Tag mehr. Er brauchte das Geld so dringend. Der Brief, den er noch in der Tasche trug, brannte wie Feuer. Jedesmal, wenn er daran dachte, war es mit seiner Ruhe vorbei. Auch jetzt stand er schnell auf und ging hinaus in die Dünen. Da war es still, und er fand Muße, seine Gedanken zu sammeln.

Er war noch nicht weit gekommen, als ihn der alte Kemkes, der ihm leise gefolgt war, anrief. Dem Alten war das zerfahrene Wesen des jungen Mannes nicht entgangen.

„Nun?" fragte Wilhelm den Näherkommenden kurz.

„Alle Wetter", versetzte dieser lachend, „hast ja ein Gesicht aufgesetzt wie eine alte Scheuerfrau auf einem Walfischfänger. Ein junger Mann wie du! Wenn es irgendwo drückt, dann heraus mit der Sprache! Wenn man nur weiß, wo es fehlt, nachher finden sich schon Mittel zu helfen."

„Der Brief, Kemkes", entgegnete Wilhelm kleinlaut.

„Ich dachte es mir schon", lautete die Antwort. „War gestern wieder auf dem Siel, und Hinrichs fragte mich so nebenbei, ob ich dir das Schreiben gegeben hätte. Er hätte noch nichts von dir gehört."

Wilhelm seufzte, sagte aber nichts.

„Wieviel mußt du haben, Willm?"

Der junge Mann sah schnell auf und fragte:

„Ihr wißt es, Kemkes?"

„Warum auch nicht, Junge", lachte der Alte, „glaubst du ich bin so blind wie dein Vater und andere? Das wußte ich schon lange. Ihr habt im Gasthaus ein Spielchen gemacht, getrunken, und was dergleichen mehr ist, und an dir blieb die Zeche hängen. Soviel hat dir dein Vater sicher nicht mitgegeben, daß es dazu langte. Da hast du eben Schulden gemacht, bei Hinrichs und auch beim Kaufmann Krake, der auf deines Vaters ehrlichen Namen hin borgte. Aber ich will dir helfen, ich strecke es dir vor, und darum noch einmal: Wieviel brauchst du?"

Entgeistert starrte Wilhelm den Alten an, der scheinbar in harmloser Geschwätzigkeit all seine Geheimnisse aufgezählt hatte.

„Dein Vater geht morgen nach dem Siel", fuhr Kemkes, jedes Wort stark betonend, fort. „Da könnte er leicht den Krake treffen und auch . . ."

„Morgen? Woher wißt Ihr das?"

„Weil er heute Bescheid bekommen hat, daß er hinüberkommen soll."

Das brachte die Entscheidung. Der letzte Rest von Widerstand und Stolz brach zusammen, und tonlos erwiderte Wilhelm:

„Rund hundert Mark. Noch ein paar mehr, aber die schaff ich schon."

Ohne etwas zu sagen, öffnete der Alte seine Schifferjacke und zog eine abgegriffene Brieftasche heraus, der er das Geld entnahm.

„Da. Wenn du kannst, gibst du es mir wieder."

Aufgeregt nahm Wilhelm die Scheine und sagte stockend:

„Wenn wir das gemacht haben, wovon Ihr spracht, bekommt Ihr es wieder."

„Recht so, Junge. Mach nur, daß du dir deine Gläubiger vom Halse schaffst und dein Vater von deinen Schulden nichts merkt. Warum soll sich der grämen, wenn es nicht nötig ist? Doch was ich sagen wollte: Wann machen wir das Ding?"

„Ich denke in drei Tagen. Ich muß den Kasten erst noch ein wenig instand setzen, kitten und teeren."

„Aber nicht zu viel, Willm. Ist ja doch weggeworfenes Geld."

Der Alte kehrte ins Gasthaus zurück, während Wilhelm bedrückter als je dem elterlichen Haus zuschritt. Morgen ganz früh wollte er nach dem Siel hinüber, um die Schulden zu bezahlen.

Anntrina, seine Tante, war eben damit beschäftigt, die kleine grünlackierte Blechlampe anzuzünden, als Wilhelm und sein Vater fast zur gleichen Zeit eintraten. Jan Rickmers hatte den Schloop ausgebessert, und müde von der anstrengenden Arbeit setzte er sich an den Tisch.

„Ich muß morgen nach dem Siel hinüber", sagte er, „und ich bleibe wohl ein paar Tage aus."

„Du?", fragte Anntrina verwundert.

„Ja. Klaßen brachte mir eben Nachricht."

„Was gibt es denn für dich auf dem Siel zu tun?"

„Ich weiß nicht. Klaßen meinte schon mal, die Herren von der Baukommission wollten mich sprechen."

„Sieh mal an. Auf deine alten Tage holt man dich heran", sagte Anntrina verwundert.

„Na, ich denke, die haben mich verschiedenes zu fragen. Mit dem Bauen hat man ja schon angefangen. Die Erde ist bereits ausgeworfen."

„Und Pitt hat wohl seine Kantine auch schon bald stehen?"

„Ja, wir wollen zusammen hinüber, morgen mittag. Ist meine dunkle Jacke in Ordnung?"

Fast beleidigt sah Anntrina den Schwager an, und wenig freundlich erwiderte sie:

„Das versteht sich doch von selbst, Jan. Als ob ich jemals etwas verloddert hätte. So was! Wahrhaftig, wenn ich deine Kinder nicht großzuziehen hätte . . ."

Wilhelm hatte bis dahin schweigend zugehört. Er war erleichtert, als er hörte, daß sein Vater erst gegen Mittag fahren wollte. Dann konnte er längst wieder auf der Heimfahrt sein. Er fiel seiner Tante ins Wort:

„Ich wollte unsere Tjalk etwas instandsetzen, um auch einige Frachten Steine zu holen, Vater. Es ist dir doch recht?"

Erstaunt und froh sah der alte Rickmers seinen Sohn an. Seit der letzten Unterredung war Wilhelm wortkarg und mürrisch gewesen, und seinem Vater war er immer aus dem Weg gegangen. An den gemeinsamen Mahlzeiten nahm er kaum noch teil und an den täglichen Andachten erst recht nicht. War er nun zur Einsicht gekommen?

Als er nicht sogleich antwortete, fuhr Wilhelm fort:

„Ich denke, wir könnten doch die Gelegenheit nutzen."

„Gewiß, Willm", entgegnete Rickmers, „wo sich uns Gelegenheit bietet, auf ehrliche Weise etwas zu verdienen, dürfen wir immer zugreifen. Ist denn die Tjalk noch seetüchtig?"

„Bei diesem Wetter kann man schon noch einige Dutzend Fahrten machen", beeilte sich Wilhelm zu sagen, dem es bei den Worten des Vaters brennend heiß wurde.

„Nun, dann versuch es mal. Du kommst ja mit dem Boot zurecht. Und nimm dir noch jemand mit. Vielleicht Onkel Pitts alten Maat, der ist zuverlässig und besonnen. Wenn ich wieder zurück bin, fahre ich dann selbst mit."

Anntrina hatte aufmerksam zugehört. Daß sie die beiden Männer für ein paar Tage los wurde, war ihr ganz recht, und erfreut sagte sie:

„Das ist mal vernünftig von dir, Willm. Wirklich ein guter Gedanke! Ist auch besser für euch, wenn euch die Seeluft mal wieder um die Nase bläst. Mach nur, daß du morgen ganz früh herauskommst, und bring auch etwas Ordentliches mit, hörst du?"

„Laß mich nur machen, Tante", entgegnete der junge Mann.

„Daß du aber keine Unbesonnenheiten begehst", warnte der Vater. „Wir können und sollen tüchtig zugreifen, Willm, wenn es sich um eine ehrliche Beschäftigung handelt. Aber nur mit Gott sind Anfang und Ende gut."

Wilhelm sah zu Boden. Die Worte setzten ihm hart zu. In wenigen Tagen würde er eine große Schuld auf sich laden. Er fühlte es, aber zurück konnte und wollte er nun nicht mehr. Er unterdrückte einen Seufzer und sagte äußerlich ruhig:

„Ich werde mich schon in acht nehmen, Vater. Du kannst ohne Sorge sein."

Er wunderte sich über sich selbst, daß er so ruhig sprechen, sich so verstellen konnte. Vor kurzer Zeit noch wäre ihm bei solcher Heuchelei die Schamröte in die Wangen gestiegen.

Nach dem Abendessen las Vater Rickmers wie stets ein Kapitel aus der Bibel, an das er eine erläuternde Betrachtung knüpfte. Diesmal wählte er das Kapitel, in dem es heißt: „Was hülfe es dem Menschen, wenn er die ganze Welt gewänne und seine Seele einbüßte?" An diesem Abend sprach der Schiffer besonders ernst über das Gelesene und sah dabei immer wieder zu seinem ältesten Sohn hinüber. Der aber saß mit abgewandtem Gesicht und blickte in das Dunkel des Abends. Was in ihm vorging, konnte der Vater nicht sehen. Hätte er es geahnt, wie hätte er erst dann zu seinem Jungen gesprochen, den er so sehr liebte! –

Später verließ der Vater das Haus und ging zu seinem Bruder, mit dem er noch einiges für die Fahrt am nächsten Tag zu bereden hatte.

Wilhelm war mit seiner Tante allein. Sie war ganz wehmütig geworden. Das ernste Bibelwort hatte sie mächtig erschüttert, und nun schluchzte sie:

„Nein, Willm, dein Vater macht es zu schlimm. Als ob wir alle Räuber und Verbrecher wären. Und dabei habe ich noch nie jemandem das Geringste zuleide getan, ihm am allerwenigsten. Und doch kann er mich nie in Ruhe lassen. Wahrhaftig, er spricht zu mir, als wäre ich ein Strandräuber. Ich hab weiß Gott nie unrechtes Strandgut behalten – und man findet doch immer schon mal was – wirklich nicht! Und von der Insel bin ich mein Lebtag noch nicht weggekommen, was kann ich da schon getan haben? Ach du meine Güte! Willm, was ist dein Vater für ein Mann! Wie zu einem richtigen Strandräuber, so spricht er zu mir!"

Wilhelm hatte sich erhoben. Die ernsten Worte des Vaters hallten noch in ihm nach. Sie hatten ihn tiefer getroffen als er sich selbst eingestehen mochte. Was seine Tante aber nun alles daherredete, das konnte er nicht mehr ertragen. Das Zimmer wurde ihm zu eng. Er mußte hinaus in die kühle Luft. Er ging an den Strand. Überall war tiefe Stille, und nur das Meer war zu hören. Es klang wie ein Schluchzen, wenn die Wellen zurückbrandeten und leise wieder an das Ufer schlugen. Erschöpft warf er sich nieder. Er wußte nachher nicht, wie lange er so gelegen hatte. Der Schrei einer Möve schreckte ihn auf. Die Sturmvögel hatten lange nicht geschrien. Wilhelm war ein Inselkind, ein Schiffersohn – er verstand den Warnungsruf, der Sturm ankündigte. Langsam stand er auf und ging nach Hause. Der Himmel hatte sich bewölkt, und ein scharfer Wind fegte jetzt über die Insel. Das Wetter konnte für sein Vorhaben nicht günstiger sein. –

Am nächsten Morgen fuhr Wilhelm schon zeitig nach dem Siel hinüber. Der Wind war ihm günstig. Das kleine Segelboot flog wie ein Pfeil durch die Wellen, so daß das Wasser am Bug hoch aufspritzte. Es war eine Lust, so leicht und frei dahinzufliegen, seine Kraft einsetzen zu können im Kampf der Elemente. Er hielt sich nicht lange auf dem Festland auf. Schon kurz nach Mittag war er wieder zurück. Seinem Vater war er nicht begegnet, denn jedem entgegenkommenden Boot war er in weitem Bogen ausgewichen. —

Nachmittags ging er an das Ausbessern der Tjalk. Er tat es ja nur zum Schein, und doch arbeitete er wie ein Verzweifelter, um bis zum Abend fertig zu werden. Hein Kemkes kam einmal und sagte:

„Recht so, Junge. Nur mit Mut ans Werk! Gerd Lammers und die anderen sind heute vormittag nach der Weser gefahren. Wann denkst du in See zu gehen?"

„Morgen oder übermorgen", erwiderte Wilhelm gepreßt.

„Je früher, desto besser", bemerkte der Alte, „um so eher ists vorbei. Ich denke, wir fahren morgen ganz früh. Noch haben wir Westwind. Aber ich glaube, der Wind springt um, und mit dem Neumond wird sich das Wetter ändern. Wenn es Ostwind gibt, kommt uns das für die Rückfahrt sehr gelegen."

Wilhelm war mit allem einverstanden. Kemkes gegenüber hatte er es jetzt aufgegeben, einen eigenen Willen zu zeigen. Er fühlte es von Tag zu Tag mehr, daß der ihn in seine Gewalt bekommen hatte. Er stand ganz im Bann des Alten und brachte nicht mehr die Kraft auf, sich dessen Weisungen zu widersetzen. —

So stand er denn am folgenden Vormittag auf dem Deck der Tjalk, die, von einer frischen Brise getrieben, ziemlich schnell durch die Wellen dahinglitt. Hein Kemkes saß am Steuer, und über sein Gesicht glitt oft ein heimliches Lachen, wenn er den jungen Mann ansah, der sich mit trübem Blick an dem Segel zu schaffen machte. Jetzt hatte Kemkes es endgültig geschafft. Bis am Morgen hatte Wilhelm noch zurückgekonnt, und Kemkes hatte davor gebangt – aber jetzt war es zu spät, die Sache rückgängig zu machen. Das würde ihm, Kemkes, noch manches Geldstück einbringen! Wie dumm die Menschen doch waren, sich einen Mitwisser und Mithelfer wie ihn auf den Hals zu laden, der nicht mehr abzuschütteln war!

Wilhelm stand auf dem Vorderteil des Schiffes. Da sie gerade Kurs hielten, hatte Wilhelm die Segelleine festgezurrt, und so konnte er sich ungestört seinen Gedanken hingeben. Wenn er jetzt nach Hause zurückkehrte, war sein Leben grundlegend anders geworden. Er hatte sein Gewissen mit einer Last beladen, die sich nie mehr würde abwälzen lassen. Seltsam, wie die Gedanken kamen und gingen. Er erinnerte sich in diesem Augenblick an mehrere Strandungen und Schiffsverluste, bei denen so mancherlei von den Inselbewohnern gemunkelt worden war. Er hatte sich sonst nie darum gekümmert. Er hatte Unehrlichkeit nie gebilligt, sich darüber aber auch keine Gedanken gemacht. Aber jetzt, wo er selbst den ersten Schritt auf dem Weg zu einem Verbrechen tat, jetzt kam sein Inneres nicht mehr zur Ruhe.

„Willm! Junge!" schallte es plötzlich vom Steuer her, „ich glaube, du schläfst wohl. Bist mir der richtige Schiffer, der am Segel einschläft! Herum damit! Der Wind springt schon um. Wir müssen kreuzen. Hör nur, wie der alte Kasten knackt! Es wird ihm sauer. Na, er mag sich trösten, es ist seine letzte Fahrt!"

Wilhelm antwortete nicht. Schweigend legte er das Segel um. Die Segelleine behielt er in der Hand, da der Wind unbeständig

34

wurde. Doch vermochte er auch jetzt seiner Tätigkeit keine volle Aufmerksamkeit zuzuwenden. Immer wieder beschäftigte ihn sein Vorhaben, und die ernsten Worte, die sein Vater bei der Andacht vorgelesen hatte, ließen ihm keine Ruhe: „Was würde es einem Menschen nützen, wenn er die ganze Welt gewänne, aber seine Seele einbüßte?" Ja, was nützte es ihm, wenn er viel Geld hatte, und er ging verloren, ewig verloren? Und was war, wenn das Leck zu groß wurde? Wenn das Wasser zu schnell, zu mächtig eindrang? Wenn . . .?

Er wagte nicht weiterzudenken. Eine furchtbare Angst überfiel ihn. Gut, daß er mit dem Rücken zu Kemkes saß, so daß dieser nicht in sein Gesicht sehen konnte.

Sie waren inzwischen der Küste ziemlich nahe gekommen. Ein Segelboot, das vom Siel kam, hielt den Kurs zur Insel. Es begegnete der Tjalk in nicht allzu großer Entfernung an der Backbordseite. Der alte Kemkes beobachtete scharf das Fahrzeug und sagte nach einer Weile:

„Du, Willm, das ist ja das Boot, mit dem dein Vater und dein Onkel hinübergefahren sind."

Wilhelm hatte es kaum beachtet. Nun hob er müde den Kopf, sah teilnahmslos hin und nickte.

„Das wundert mich", fuhr der Alte fort, „sie wollten doch ein paar Tage auf dem Siel bleiben. Sagte dein Vater nichts?"

„Nein."

„Sonderbar!" brummte Kemkes. „Pitt Rickmers, dein Onkel, hatte doch allerhand zu erledigen. Und er ist doch nicht der Mann, der zum Spaß hin und her gondelt. Ob was passiert ist?"

„Passiert?" Wilhelm horchte auf. Was konnte geschehen sein? War seinem Vater vielleicht etwas zugestoßen? Eine unerklärliche Unruhe überfiel ihn. Vielleicht brachten sie den Vater schwerverletzt nach Hause – und er, der Sohn, stand im Begriff, sein Gewissen mit einem Verbrechen zu beladen, mit einem Verbrechen an seines Vaters Eigentum! Mit einer Lüge auf den Lippen war er von ihm gegangen, mit einer Lüge, der ein Betrug, ein Verbrechen folgen sollte! Sollte er seinen Vater doch noch einmal wiedersehen, wie sollte er dann vor ihn hintreten können mit dieser Schuld? Sein Vater! Wie ihn das Wort auf einmal berührte, jetzt, wo seine überreizten Sinne ihn das Schrecklichste sehen ließen. Wie viel Liebe hatte der Vater ihm entgegengebracht! Und alles umsonst! Umsonst! Er hätte das Wort fast hinausgeschrien in seiner Not, seiner Seelenangst. Denn war der Vater tot, dann konnte er nie, nie mehr gutmachen, was er gefehlt hatte an kindlicher Liebe, an Hochachtung und Gehorsam. Und wie vieles hatte er falsch gemacht! Wie oft hatte er den Vater und früher auch die Mutter betrübt!

Als hätte eine unsichtbare Hand einen Schleier vor seinen Augen weggezogen, so sah er jetzt auf einmal alle Begebenheiten der letzten Zeit klar und scharf vor sich. Auch das Kleinste, das Unscheinbarste wuchs in dem grellen Licht der Anklage ins Riesengroße. Wie hart, mürrisch, gereizt und unzufrieden war er oft gewesen! Und das alles aus Sucht nach Genuß und nach Reichtum. O, könnte er doch jetzt noch einmal alles gutmachen!

In seiner Verzweiflung sprang er auf und ballte die Fäuste, so daß Kemkes ihm spöttisch zurief:

„Was ist denn los? Bist du übergeschnappt?"

36

Wilhelm antwortete nicht, doch brachten ihn die Worte des Alten wieder zu sich selbst. Der Wind fuhr mit kurzen Stößen über das Wasser. Sie waren jetzt der Küste ganz nahe, unter deren Schutz sie weiter ostwärts zur Wesermündung segeln wollten, um dort Ladung zu nehmen. Jetzt hieß es aufpassen, der eine beim Steuer, der andere beim Segel. Unterhalten konnte man sich da nicht, aber das war Wilhelm nur recht. Es wurde Abend, ehe sie den Bestimmungsort erreichten. Der Wind war stärker geworden. Wilhelm kümmerte es wenig. Das erwachte Gewissen machte ihm weit mehr zu schaffen als der Sturm.

Kemkes jedoch schmunzelte, denn etwas Besseres konnte es für ihr Vorhaben wirklich nicht geben. Kaum hatten sie am Bollwerk festgemacht, als er auch schon an Wilhelm herantrat und ihn aufforderte, mit in eine Kneipe zu gehen, um „die Sache etwas zu begießen". Wilhelm lehnte ab.

„Wie du willst", knurrte Kemkes. „dann sorge dafür, daß der Kasten vollgeladen wird und wir wieder wegkommen. Ich habe mein Geld selbst dringend nötig und hätte es gern bald wieder. Wahrhaftig, hätte ich es dir nicht schon geliehen, zum zweiten Male bekämst du es nicht."

Dabei sah er ihn gespannt von der Seite an, um die Wirkung seiner Worte zu beobachten. Wilhelm duckte sich unwillkürlich, als hätte er einen Schlag erhalten. Er fühlte die Kette, die ihn an Kemkes fesselte. Es bedurfte nur eines Ruckes, um ihn an diese Tatsache zu erinnern. Gequält sagte er:

„Sobald es geht, geb ich es Euch wieder."

„Na, ja, so lange wird es wohl noch Zeit haben. Drängen wollte ich dich ja nicht. Ich meinte nur so."

Und die Hände in die Taschen seiner Jacke vergrabend, ging er langsam fort, während Wilhelm sich ein Nachtlager auf dem Schiff fertigmachte. Aber der Schlaf kam nicht. Nur wirre, beängstigende Träume, in denen alles durcheinanderschwirrte. Er war auf einem lecken Boot allein auf dem ungeheuren, gewaltigen Meer. Langsam stieg das Wasser höher, und keine Rettung gab es für ihn. Ganz fern von ihm stand sein Vater mit ernstem, traurigem Gesicht, den Finger warnend erhoben. Plötzlich wankte er und stürzte hin. Wilhelm fuhr aus dem Traum auf und sah um sich. Wie froh war er, daß es nur ein Traum war! So ging es die ganze Nacht fort, und wie zerschlagen stand er am nächsten Morgen auf. –

Der alte Kemkes war zeitig zurück. Er überwachte sein Opfer so scharf wie eine Beute, die im letzten Augenblick noch entrinnen will. Er begleitete Wilhelm zur Ziegelei und übernahm es auch, die Ladung richtig zu verstauen. Wilhelm hatte noch mancherlei zu erledigen und ging deshalb in die Stadt.

Noch ganz in der Nähe ihrer Anlegestelle traf er einen gleichaltrigen Gefährten von der Insel, Jan Blaßen, den Sohn eines Fuhrmanns, und noch einen älteren Schiffer, der ihn mit den Worten anredete:

„Du bist hier, Willm? Weißt du denn nicht, was deinem Vater zugestoßen ist?"

Für einen Moment war es dem Angeredeten, als setze sein Herzschlag aus. Dann schrie er:

„Also doch! Also doch! O, meine Ahnung! Was ist geschehen?"

„Genaueres weiß ich nicht. Auf dem Siel soll es passiert sein."

„Was denn? Was denn? So sprecht doch!"

„Ja, das ist man so, mein Junge. Gesehen hab ich es nicht. Aber ich hörte, daß sie ihn gebracht haben. Mit deinem Onkel wollte er ja zum Siel. Dieser wollte noch einiges für seine Kantine kaufen, Balken und Pfosten. Und dabei ist ihm so ein Ding auf den Kopf geschlagen. Ganz schlimm muß es sein. Als sie ihn einschifften, glaubten sie schon, er hätte es nicht überstanden."

Wilhelm stöhnte: „Steht es wirklich so schlimm?"

„Ja, mein Junge, das mag schon sein. So'n Balken hat schon sein Gewicht."

Wilhelm hörte nicht mehr. Zitternd wandte er sich an Jan Blaßen:

„Wann fährst du zurück, Jan?"

„Gleich geht es los. Es ist die höchste Zeit, wenn wir noch hinüber wollen. Willst du mit?"

„Ja, Jan. Wenn du mich mitnehmen willst."

„Sicher, Willm. Mach nur, daß du zeitig genug da bist. Ich glaube, wir bekommen Sturm."

Wilhelm war schon fort und eilte so schnell er konnte zu Kemkes zurück.

„Ich muß zur Insel zurück!" keuchte er, atemlos vom schnellen Lauf und vor Erregung.

Der Alte wurde vor Zorn rot im Gesicht.

„Was?" schrie er grob, „bist du so einer, der sich auf Vorschuß

39

geben läßt und dann wie ein feiger Hund davonläuft? Sorg, daß ich mein Geld zurückbekomme, oder . . ."

„Für so schlecht braucht Ihr mich nicht zu halten", rief Wilhelm erregt, „was ich versprach, dabei bleibt es."

„Das wollt ich dir auch geraten haben", erwiderte Kemkes in drohendem Ton. „Denk nur nicht, ich gebe mein gutes Geld auf Treu und Glauben."

Wilhelm fühlte wieder den Ruck der Kette, fühlte, wie sie in sein Fleisch schnitt, hart und erbarmungslos. Er fühlte, daß er von diesem Mann nicht loskonnte. Sich gewaltsam zur Ruhe zwingend, sagte er:

„Ich muß hinüber, Kemkes, und sollte es mich das Leben kosten."

„Schnack doch nicht solch dummes Zeug. Laß es doch bestellen, wenn du etwas vergessen hast!"

„Es geht nicht. Was ich da zu besorgen habe, kann kein Dritter für mich erledigen. Ich muß selbst hin, mag es geben was es will."

„So schlimm wird es wohl nicht sein", war die mürrische Entgegnung. „Aber böses Wetter wird es geben, das ist sicher. Wann kommst du denn wieder?"

„Morgen schon, wenn es geht."

„Daß du mich nicht hinhältst!" drohte der Alte, „ich sitze hier nicht auf meiner eigenen Tjalk, und ich habe nicht viel Geld bei mir, höchstens für morgen noch."

40

„Ich komme zurück, Kemkes. Ganz bestimmt. Oder das Wetter müßte schon ganz toll werden."

„Kann sein, daß es das geben wird. Der Wind läuft zurück, und das taugt nicht. Es gibt Unwetter, die Luft ist schon ganz dick."

Wilhelm hörte nicht mehr auf den Alten, sondern ging schnell davon. Die Hände in den Taschen seiner weiten Hose vergraben, sah Kemkes ihm nach. –

Wilhelm war in großer Aufregung. Alles ging ihm nicht schnell genug, und mehr als einmal mußte sein Gefährte, dem er beim Fertigmachen des Bootes half, ihn beschwichtigen.

„Ich versteh dich ja, Willm, aber damit kommen wir nicht weiter. Wir müssen klaren Kopf behalten, wenn wir hinüber wollen, und es wird Arbeit genug kosten, gegen den Nordwest anzukreuzen."

Jan hatte recht. Kaum waren sie auf offener See, als ein Windstoß daherbrauste, der das kleine, leichtgebaute Fahrzeug auf die Seite legte und über die beiden Insassen eine Ladung Salzwasser schüttete. In immer kürzeren Zwischenräumen folgten jetzt die Böen, während sich von der schwarzen Wolkenwand im Norden große Stücke ablösten, die gleich riesigen Sturmvögeln über den Himmel jagten und auf ihren Schwingen gespenstische Dunkelheit mit sich führten.

Jan sah sich sorgenvoll um und sagte:

„Wärs nicht besser, wir kehrten um?"

„Nein, nein, Jan! Ich muß hinüber! Ich muß! Hörst du, ich muß!" –

Es war fast Abend, als sie endlich die Insel erreichten. Die Dämmerung wollte schon in das Dunkel der Nacht übergehen, als Wilhelm mit keuchendem Atem den Fußweg hinauflief, der über die Wattwiesen zum Dorf führte. Jetzt bog er um des Nachbars Haus. Im nächsten Augenblick hatte er mit so jähem Ruck die Haustür aufgerissen, daß Tante Anntrina vor Schreck von ihrem gewohnten Platz am Kachelofen in die Höhe fuhr.

„Mein Gott, Willm, du? Und wie du aussiehst, Junge! Ne, ne, was ist denn los? Ist ein Unglück geschehen? Ich bin ganz erschrocken und krieg das Schütteln in allen Gliedern. Paß auf, Willm, da kommt das Fieber obendrein. Aber so red doch, Junge, red doch, damit man mal weiß, was los ist!"

„Das wollt ich wissen", rief Wilhelm erregt und noch immer keuchend, „wo ist der Vater, und wie steht es mit ihm?"

„Der Vater, Willm? Der ist bei Onkel Pitt, und es geht ihm ganz gut. Aber Onkel Pitt haben sie gestern nach Hause gebracht. Ein Balken hat ihm den Kopf zerschlagen, ein Loch, Willm! – Ach du meine Güte, wenn ich daran denke. Gestern hat mich der so erschreckt und heute du. Nein, nein, wenn darauf nur nichts kommt!"

Wilhelm war an den Tisch getreten, hinter dem die Kleinen saßen und verwundert den großen Bruder anstarrten, der so ganz außer Fassung war. Er atmete immer noch schwer.

„Also dem Vater ist nichts geschehen?" fragte er nochmals.

„Nein, Willm. Er ist drüben bei Onkel Pitt und wacht bei ihm. Dessen Kopf muß immerfort gekühlt werden, und dabei schwatzt er allerhand ungereimtes Zeug, noch mehr als sonst."

42

Wilhelm setzte sich todmüde auf einen Stuhl. Der ungeheure Druck löste sich von ihm, da er den Vater unversehrt wußte. Aber die Aufregung und Arbeit der letzten Stunden hatten ihn so völlig erschöpft, daß er sich kaum noch aufrecht halten konnte. Tante Anntrina mochte das sehen, denn schnell setzte sie den Teekessel auf. Als Wilhelm dann Tee und Brot vor sich stehen hatte, konnte sie ihre Neugierde nicht mehr länger unterdrücken.

„Warum kommst du so schnell zurück, Willm?" fragte sie ihn, „ihr seid doch mit den Steinen noch nicht hier?"

„Nein", entgegnete er matt. „Ich hörte vom alten Ocken, daß ein Unglück passiert ist, doch nannte er den Vater, und da hatte ich keine Ruhe mehr und bin mit Jan Blaßen hergefahren."

„Der Ocken, der Ocken!" bemerkte Anntrina verächtlich. „Das alte Schwatzmaul spricht auch viel und sieht nichts. Jemanden so zu erschrecken! Sündhaft ist es geradezu, allerhand Zeug in die Welt hineinzuschwatzen, von dem man nicht genau weiß, ob es auch wirklich so ist. Ich bin immer noch ganz benommen von dem Schreck."

Wilhelm war inzwischen etwas ruhiger geworden, auch belebte ihn der warme Tee. Den Kopf in die Hände gestützt, sah er vor sich hin. War es eine Warnung für ihn? Ein Zurückreißen von dem Weg, der ihn ins Verderben bringen mußte? Aber da dachte er an das Geld, das ihm Kemkes geliehen hatte. Er fühlte wieder den Zwang, den der alte Mann auf ihn ausübte, und er stöhnte tief auf, gequält von der Sünde und der Schande. Den Mut, seinem Vater alles zu bekennen, fand er noch nicht.

Anntrina, die neben ihm saß, hörte es und sah ihn an. Gewiß, dem Jungen fehlte etwas. Sie fühlte nach seiner Jacke und rief entsetzt:

43

„Die ist ja ganz naß, Willm! Ach du meine Güte, wenn das nicht Fieber und Rheumatismus gibt! Trink, Willm, trink! Das hilft! Das ist das beste Mittel! Und recht heiß! Ich gieße noch etwas nach." Damit füllte sie die Kanne aufs neue. „So, den trink noch, und wenn du den Tee ausgetrunken hast, gehst du ins Bett, hörst du?"

Wilhelm nickte. Er sehnte sich danach, schlafen zu können, all das Böse, Häßliche, die quälende Last vergessen zu können. Langsam stand er auf, ging ans Fenster und sah hinaus. Dem kleinsten Bruder, einem dicken vierjährigen Buben, streichelte er noch die Wangen. Es war ihm wie ein Abschied, wie ein letztes „Gute Nacht". Dann ging er auf seine Kammer. Von der Treppe her rief er noch zurück:

„Weck mich nicht zu spät, Tante! Ich muß morgen auf alle Fälle wieder hinüber. Hoffentlich flaut der Wind bis dahin ab." –

Wilhelms Hoffnung erfüllte sich nicht. Nicht flauer wurde der Wind, sondern immer heftiger, und noch ehe Mitternacht war, steigerte er sich zum Orkan.

Jan Rickmers war bei seinem Bruder und hielt Nachtwache. Außer dessen Frau und den kleinen Kindern war niemand da, weil alle übrigen zur Wesermündung gefahren waren, um Baumaterial zu holen. Schon mehrere Tage waren sie unterwegs und wurden nun jede Stunde zurückerwartet.

Im Schlafzimmer brannte eine Lampe, mit einem dunkelgrünen Schirm verhangen, um den Lichtschein zu dämpfen. Der Verletzte war unruhiger als sonst, möglicherweise auch eine Folge des rauhen, stürmischen Wetters. Die Verletzung an sich war schlimm genug, aber nun war eine Entzündung hinzugekommen, die den Zustand bedenklich machte und den Kranken in wirre Fieberphantasien trieb.

Jan Rickmers saß nachdenklich neben dem Lager, und mehr als einmal sah er voll Mitleid und Teilnahme seinen Bruder an. Da lag nun der starke Mann, der so viele und große Erwartungen auf das neue Unternehmen gehegt hatte, der seiner eigenen Umsicht und seinem Zupacken das Gelingen zuschrieb. Und nun, was hatte ihm das alles eingebracht? Ein Krankenlager, von dem es vielleicht kein Aufstehen mehr gab. Und was dann? Ja, was dann, wenn der Unglückliche so, wie er da lag, von dieser Erde abscheiden mußte? Er war nicht versöhnt mit Gott. Alle Einladungen, zu Ihm zu kommen, hatte er stets abgewiesen. Gott hatte sich oft als Gott der Liebe an ihm bezeugt. Wie, wenn er nun unversöhnt dem begegnen mußte, dessen Augen wie Feuerflammen sind, und vor dem alles bloß und aufgedeckt ist, jeder Gedanke, jedes Tun!? Wie sollte Pitt da bestehen? Jan fühlte den Ernst der Stunde. Er sah, wie es Gott ein Leichtes ist, den Stolzen und Starken zu Boden zu werfen. Unwillkürlich mußte er an seinen Sohn, an Wilhelm, denken.

Da regte sich der Kranke. Sein fiebernder Blick irrte durch das Zimmer, und dann lauschte er. Er hörte wohl das Brausen des Sturmes, das Donnern und Toben des erregten Meeres, und in seinem wirren Geist formten sich allerlei Bilder: sein Schiff, die Ladung, die Mannschaft. Er versuchte sich aufzurichten.

„Jan", keuchte er in abgebrochenen Worten, „ist – mein Schiff – schon zurück?"

„Still, Pitt", antwortete der Bruder sanft und drückte ihn in die Kissen nieder, „du darfst dich nicht aufregen."

„Warum nicht? Die Ladung – wenn ich – die verlöre . . .“

„Junge, darauf kommt es jetzt nicht an. Denk an dich selbst, an deine unsterbliche Seele. Wenn du die verlieren würdest – schrecklich, Pitt! Das andere ist alles nur unnötiger Ballast, wenn es aus diesem Leben hinausgeht und wir hineinsegeln in den großen Hafen. Das hindert nur bei der Einfahrt. Aber deine Seele, Pitt, um die handelt es sich jetzt.“

„Ach, Jan, – die Sorge – das Ungewisse – ich hab so wenig versichert.“

„Laß doch jetzt, Pitt. Das wichtigste ist: Hast du deine Seele versichert? Darauf kommt es an. Wenn es durch die Brandung geht, ist dann deine Seele in Sicherheit? Mag hier auch alles untergehen, wenn die nur gerettet wird.“

Der Kranke stöhnte tief auf. „Ich kann mir – so wenig – helfen – und ich – war immer – so stark.“

„Es gibt noch einen Stärkeren als du, Pitt, und das ist Gott. Und Er hat dich auf das Lager gelegt, um dir zu zeigen, daß unser Tun nichts ist, wenn Er es nicht segnet, wenn Er uns nicht bewahrt und beschirmt. Du wolltest es ja nicht wahrhaben, du glaubtest, es liege in deiner Hand und sei von dir abhängig. Nun hast du dir deinen Weg allein gesucht, und jetzt liegst du da, um darüber nachzudenken, wer recht hat.“

Der Schiffer schüttelte den Kopf und bat um Wasser.

Jan Rickmers gab ihm zu trinken, und da der Kranke jetzt still, mit geschlossenen Augen, liegen blieb, trat er ans Fenster, um das Unwetter zu beobachten. Doch draußen war schwarze Nacht. Der Sturm tobte und brüllte, und donnernd brachen sich die Wogen an der Küste. Besorgt stand er so eine Weile. Wenn jetzt nur kein Schiff . . .

Er hatte den Gedanken noch nicht zu Ende geführt, als von der See her, gerade ihm gegenüber, eine Rakete in die Höhe stieg. Kurz darauf fiel ein Schuß. Schiff in Not! Leise verließ Rickmers das Zimmer. Nachdem er seine Schwägerin verständigt hatte, eilte er ins Dorf, und laut hallte durch das Heulen des Windes sein Ruf:

„Schiff in Not! Schiff in Not!"

Im Nu waren die Fischer munter, und durch Sturm und Regen arbeiteten sich die Männer zu dem am Dünenabhang gelegenen Schuppen, der die Rettungsboote barg. Beim Schein der Laternen wurde das Wagengestell, auf dem das eine Boot ruhte, aus dem Schuppen gezogen und zum Strand gefahren. Jan Rickmers hatte sich inzwischen schnell Pitts Südwester, Wasserstiefel und Ölmantel angezogen. Mit den anderen Männern stand er am Hang der Düne und blickte auf die wild aufgepeitschten Wassermassen.

„Die See geht hoch", meinte einer der Männer.

„Das tut sie. Aber wir müssen es wagen. Was meinst du, Jan?"

„Sicher", entgegnete dieser. „Denkt nur, wenn wir einmal so draußen wären."

„Hast recht, Jan", bemerkte Klaßen, „wenns nur nicht so dunkel wäre. Man sieht nichts vom Schiff."

Eine Rakete, die in diesem Augenblick aufstieg, beleuchtete die nächste Umgebung. Zwei, drei Schüsse folgten, das Zeichen höchster Not.

„Dort ist es!" rief einer.

Das Boot war einsatzbereit, und die Männer nahmen einer nach dem andern ihre Plätze auf den Ruderbänken ein. Noch fehlten einige. Ganz zuletzt kam jemand in weiten Sprüngen den Dünenhang herab. Es war Wilhelm. Einen kurzen Augenblick sahen sich Vater und Sohn an, dann griffen alle nach den Rudern.

„Achtung, Jungs!" mahnte Klaßen, der Fährmann, „jetzt mit voller Kraft, daß wir durch die Brandung kommen!"

Die zurückfließende Welle zog das Boot vom Strand fort. Im nächsten Augenblick war es hinter einer ungeheuren Woge verschwunden. Atemlos sahen die Zurückgebliebenen dem Boot nach, bis die Dunkelheit wieder alles einhüllte. Die Laternen erhellten kaum den Abhang der Düne. Vom gefährdeten Schiff stiegen in kurzen Zwischenräumen Raketen auf, die einzigen Wegweiser in der Dunkelheit. Die Männer am Strand suchten in dem Schuppen Schutz vor dem Unwetter. Die Laternen hängten sie am Fenster auf, um den Zurückkehrenden den Weg zu zeigen. –

Durch die kleinen Fensterscheiben des Schuppens fiel der erste graue Tagesschimmer. Dann und wann trat einer der Männer hinaus und erstieg die nächste Düne, um Ausschau zu halten. Endlich, nach langem, langem Warten erscholl durch das unverminderte Brausen des Sturmes der Ruf: „Boot in Sicht!"

Ja, da kam es. Mühsam bahnte es sich seinen Weg durch die Wogenberge, die es mit weißem Gischt überschütteten. Außer seiner Besatzung führte es noch sieben Schiffbrüchige mit sich, die dem Verderben entrissen waren. Aber jetzt kam das Schlimmste: die Brandung.

„Wäre es nur erst gut durch", äußerte sich ein alter Schiffer besorgt, „wenn nur das Boot nicht kentert!"

Alle standen in atemloser Spannung. Auch Frauen waren herzugekommen, die ihre Männer in Lebensgefahr wußten. Immer wütender heulte der Sturm. Riesige Wogenberge wälzten sich donnernd heran. Die nächste Minute mußte die Entscheidung bringen. Plötzlich erschallte ein vielstimmiger Schrei: das Boot war verschwunden. Was dann geschah, wurde keinem ganz klar. Alles spielte sich zu rasch ab. Einige der ins Wasser geschleuderten Seeleute klammerten sich mit aller Macht ans Boot, andere erhaschten die Taue, die ihnen zugeworfen wurden. Was im ersten Augenblick unmöglich schien, das geschah: sie erreichten den rettenden Strand! Nur einer fehlte: Wilhelm Rickmers!

Die blassen nassen Gesichter starrten einen Augenblick lang einander an, aber schon war Jan Rickmers wieder unten am Wasser. Verzweifelt versuchte er das schwere Boot aufzurichten.

„Halt!" rief Klaßen, „das kriegst du jetzt nicht flott."

Jan Rickmers, der in seiner Angst um den Sohn nicht bedacht hatte, daß das Boot durch das Aufschlagen gewiß beschädigt war, sah den Fährmann mit verzweifeltem Blick an.

„Wir müssen ihn retten!" schrie er außer sich.

Einige der Zurückgebliebenen hatten inzwischen das zweite Rettungsboot herbeigeschafft.

„Hier! Hier!" tönten die Rufe von allen Seiten, während kräftige Fäuste das Boot ins Wasser schoben. Noch einmal nahmen die Männer ihre Plätze ein, und noch einmal gab es ein Ringen auf Tod und Leben, denn der Vermißte, den die Schwimmweste über Wasser hielt, trieb schon ein gutes Stück ab. Doch die Rettung gelang, und schnell hob man ihn ins Boot.

„Aufgepaßt!" rief der alte Klaßen wieder mit seiner dröhnenden Stimme vom Steuer her. „Setzt alle Kraft ein! – Jetzt! – Da, die Welle, die muß uns an Land tragen! – Los!"

Und wieder ging es in die Brandung, diesmal auf dem Rücken einer Woge, die das Boot krachend auf den Strand warf. Viele Hände streckten sich ihnen entgegen und zogen sie aufs Trokkene. Jan Rickmers hielt seinen Sohn im Arm, dessen Glieder schlaff herabhingen.

„Ist er tot?" fragten einige der Umstehenden.

„Nein. Aber es hat ihn schlimm zugerichtet. Er ist gegen ein Stück Rundholz geschleudert worden, der arme Kerl. Er hat gearbeitet und gerudert für zwei. Und vom Schiff hat er die meisten heruntergeholt. Wahrhaftig, als wäre ihm das Leben nichts. Und er ist doch noch so ein junger Bursche!"

Der so sprach, war der Fährmann Klaßen. Er hatte vom Steuer aus den verzweifelten, heldenhaften Einsatz Wilhelms gut beobachten können. Die Umstehenden machten Platz, und durch die sich bildende Gasse trug Jan Rickmers mit einem anderen Schiffer seinen Sohn auf einer Bahre nach Hause.

Die Schiffbrüchigen wurden sofort untergebracht. Es waren fast alles Bekannte, denn das gescheiterte Schiff gehörte – Pitt Rickmers. Einige Geschäftsleute, die sich die veränderten

Verhältnisse der Insel zunutze machen wollten, waren die Passagiere. Anntrina sah von der Tür aus den Zug kommen. Sie stand wie erstarrt. Erst als sie die Überzeugung gewann, daß Wilhelm noch atmete, löste sich ihre Starrheit, und ihr kamen die Tränen.

„Der arme Junge!" jammerte sie. „Um deinetwillen kam er herüber, Jan, weil er gehört hatte, du wärest verunglückt. Und nun muß es ihn so treffen! Der arme Junge!"

Jan Rickmers legte den Sohn aufs Bett. Bald kam der Arzt, der dem Verletzten einen Verband anlegte und ihm das Bein, das gebrochen war, kunstgerecht schiente. Mit bekümmertem Gesicht stand der Vater daneben, und mehr als einmal seufzte er tief auf, so daß der Arzt ihm tröstend zusprach:

„Auf den Tod ist es nicht, Rickmers, wenn auch der Stoß kein gelinder war. Mit dem Bein ist es nicht so schlimm − ein gewöhnlicher Knochenbruch. Nur der Kopf, der Kopf, − das ist bös!"

„Dann glauben Sie, er käm durch, Herr Doktor?"

„Bestimmt, wenn nicht etwas ganz Außergewöhnliches eintritt." −

Der alte Schiffer durchlebte manche bange Stunde. Es war gut, daß er so in Anspruch genommen war, da blieb ihm keine Zeit, an sich selbst zu denken. Seines Bruders Hab und Gut war schwer mitgenommen. Das Schiff lag draußen auf einer Sandbank, und das Wasser vollendete das Werk der Zerstörung. Planke auf Planke trieb an den Strand. Und auch die Kantine, auf die Pitt so große Hoffnungen gesetzt hatte, war durch den Sturm und das Wasser zerstört worden. Die ungewöhnlich hohe See hatte die Vernichtung gründlich besorgt.

Anntrina war, durch Neugierde getrieben, an den Strand gegangen, um die Zerstörung in Augenschein zu nehmen. Das, was sie da gesehen hatte, bewirkte aber etwas ganz anderes bei ihr als Mitleid. Es klang fast wie Schadenfreude, was sie sagte:

„So mußte es kommen, Jan. Jetzt hat der hochmütige Mensch, der Pitt, wenigstens seinen Teil."

„Schäm dich, Anntrina!" entgegnete Jan verweisend. „Wir sollen doch unseren Nächsten lieben wie uns selbst."

„Hat das der Pitt getan?" eiferte sie. „War der nicht immer hochnäsig und stellte sich über uns? ,Schwatzhaftes Frauenzimmer' hat er einmal zu mir gesagt. War das Nächstenliebe, Jan? Nein, das vergesse ich ihm nie! Der Sturm war ganz gut, wenn nur unser Junge nichts mitgekriegt hätte."

„Wie war das eigentlich?" unterbrach Rickmers den Redeschwall der Schwägerin. „Warum kam der Willm zurück?"

Unter Tränen zählte sie daraufhin alles auf, was sie an Wilhelm zu rühmen wußte, seine rührende Kinderliebe, seinen Opfermut, sein — kurz, so viel Gutes, wie sie selbst vorher nicht bei ihm vermutet hätte. „Der Pitt ist es wahrhaftig nicht wert, daß unser Willm seinetwegen so daliegt", schloß sie ihren Bericht.

Kopfschüttelnd war Rickmers der Erzählung gefolgt. Die Liebe seines Sohnes rührte ihn. Aber das genügte ihm nicht als Begründung für das seltsame Benehmen seines Sohnes. Auf Anntrinas Rede antwortete er kurz:

„Darüber wollen wir nicht urteilen. Wer weiß, wofür es gut ist, daß der Herr ihn stillgelegt hat."

„Ach, so redest du stets. Müßtest auch mal so daliegen!"

„Wenn es des Herrn Wille ist, nehme ich auch das aus Seiner Hand an."

„Was du nicht alles kannst! Übrigens, weshalb mußtest du nach dem Siel?"

„Das ist mit wenigen Worten gesagt", entgegnete der Schiffer ruhig. „Die Badekommission will mich hier anstellen, um die Aufsicht über alles zu führen und um den Strand in Ordnung zu halten. Ferner wollen sie einen kleinen Dampfer anschaffen, der eine ständige Verbindung zwischen den Inseln und dem Festland herstellt, und Wilhelm soll ihn führen. Sie wollen den Jungen erst noch etwas dafür ausbilden lassen."

Anntrina war auf einen Stuhl gesunken. Die Hände in den Schoß gelegt, den Mund offen, starrte sie Jan an.

„Ach, du meine Güte! Und das alles auf einmal!" war alles, was sie in diesem Augenblick sagen konnte.

Sie konnte es nicht fassen. Ihr Wilhelm Kapitän auf einem richtigen Dampfer, das ging über ihre Vorstellungen. Ganz gerührt sagte sie endlich:

„Wer hätte das gedacht, Jan! Schade, daß der Pitt krank daliegt, dem würde ich es sonst aufstecken."

„Ach, Anntrina, red doch nicht so! Aber, daß ich meine Tjalk noch so gut verwerten kann, das freut mich auch."

„So, das alte Ding? Was ist damit?"

„Die Kommission kauft sie mir ab. Sie können sie irgendwo noch gebrauchen. Ich bin froh, sie auf diese Weise loszuwerden und habe Sorge genug gehabt, als Willm auf ihr fort war. Weil sie schon so alt ist, hatte ich sie nicht einmal weiterversichert, da ich sie nicht mehr für seetüchtig hielt."

„Das war vernünftig, Jan. Die hohen Versicherungskosten . . ."

Wilhelm lag noch den ganzen Tag über völlig bewußtlos. Erst am Abend öffnete er die Augen und sah am Fußende des Bettes seinen Vater, der ihn mit kummervoller Miene betrachtete. Er versuchte sich aufzurichten. Sein Blick war ängstlich und unsicher.

„Vater", keuchte er mühsam, „wie ist das Wetter?"

„Der Sturm hat nachgelassen, Willm, aber die See geht noch hoch. Leg dich hin! Rege dich nicht auf!"

„Kann man denn nach dem Land hinüber?"

„Morgen ja, aber das hat doch keine Eile."

„Es wäre doch besser", entgegnete Wilhelm erregt, „du führest hinüber und sagtest dem alten Kemkes, ich könnte nicht kommen, — und auch den Grund. Willst du?"

„Ja, wenn du es wünschst. War denn der mit dir?"

Wilhelm nickte. Er wußte wohl, wie sein Vater den alten Kemkes beurteilte. Müde sank er zurück und schloß die Augen.

Obwohl er es sich fest vorgenommen hatte, kam Rickmers die ersten zwei Tage nicht zur Ausführung der Fahrt. Am dritten Tag aber fuhr er hinüber. Zu seinem Erstaunen hörte er, daß Kemkes am Abend vorher mit der Tjalk abgefahren sei. Das konnte Rickmers nicht verstehen. Wenn das Fahrzeug auch langsam fuhr, so hätte es doch, bevor er, Jan, abfuhr, längst zu Hause sein müssen. Freilich, die See ging noch hoch. In großer Sorge fuhr er zurück. Jedes Fahrzeug musterte er scharf, doch nirgendwo sah er sein Boot. Auf der Insel war Kemkes nicht eingetroffen. Vorläufig sagte er niemand etwas davon, auch Wilhelm nicht, um ihn nicht aufzuregen, da nach Aussage des Arztes Ruhe das einzige Heilmittel für den Jungen war.

So gingen neun Tage hin mit viel Arbeit, Mühe und Sorge für Jan Rickmers, der seine Zeit und seine Kraft zwischen den beiden Häusern teilen mußte. Kemkes kam nicht zurück, und im Dorf sprach sich bald herum, daß er mit der Tjalk verunglückt sei. Das war ein Schlag für Rickmers! Nicht des Verlustes wegen, aber daß ein Mensch mit seinem alten Schiff das Leben verloren hatte, das betrübte ihn tief.

„Das versteh ich nicht", äußerte der alte Klaßen, mit dem er über die Sache sprach. „Wenn die See auch hoch ging, aber daß ein Fahrzeug, wie deine Tjalk es noch war, sie nicht aushielt, das begreife wer kann." –

Das Gerücht kam auch zu Anntrina, die nichts eiligeres zu tun hatte, als zu Wilhelm zu laufen, der sich jetzt auf dem Wege der Besserung befand.

„Du, Willm", stieß sie hervor, „welch ein Glück für dich! Denk nur, der alte Kemkes ist mit unserer Tjalk abgefahren und umgekommen. Du kannst dich freuen, Junge! Besser Arm und Bein kaputt, als zu ertrinken!"

„Was?" schrie Wilhelm entsetzt, „Kemkes mit der Tjalk untergegangen?"

„Was ich dir sage, Junge. Das ganze Dorf erzählt es. Dein Vater war ja vor zehn Tagen drüben. Den Abend vorher war Kemkes bereits abgefahren. Ob er noch jemanden bei sich hatte, weiß man nicht. Aber gut, daß du es nicht warst. Ja, ich glaube auch bald, daß Gott alles lenkt und wir manchen dummen Streich machen. Dein Vater hat recht, der arme Mann. Jetzt, wo er die Tjalk so gut verkaufen konnte, muß sie untergehen. Und dabei war sie nicht mal mehr versichert. Aber die Hauptsache ist doch, daß du lebst."

Dies sprudelte sie alles schnell hervor, ohne die Wirkung zu sehen, die ihre Worte auf den Kranken hatten. Wilhelm war wie vom Schlag gerührt. Zuerst war es, als schüttele ihn ein heftiges Fieber, so flogen ihm alle Glieder. Dann sank er bis in die Lippen bleich in die Kissen zurück. Nur ein Zucken lief dann und wann noch durch seinen Körper, sonst lag er wie leblos da. Anntrina erschrak aufs höchste. Das hatte sie nicht erwartet! Laut rufend lief sie zu ihrem Schwager. Rickmers eilte an das Bett seines Sohnes. Zitternd vor Erregung faßte er dessen Hand und fragte:

„Was ist, Willm?"

Die Stimme seines Vaters löste Wilhelm aus seiner starren Ruhe. Nach einigen Augenblicken vermochte er sich ein wenig aufzurichten, aber in seinen Augen sah man deutlich eine große Angst. Es dauerte einige Minuten, bis er sprechen konnte:

„Ist das wahr, Vater, daß – Kemkes mit der Tjalk – versunken ist?"

Jan Rickmers hatte wohl gedacht, daß die Nachricht seinen Sohn erschüttern würde, doch eine so starke Wirkung hatte er nicht erwartet. Leise sagte er:

„Es wird wohl so sein. Wie es zugegangen ist, weiß kein Mensch. So schlimm war die See eigentlich nicht, daß es die Tjalk nicht hätte durchhalten können, wenn sie auch schon alt war. Es ist mir unbegreiflich."

„Ich weiß es", stieß Wilhelm heiser hervor.

„Du?" fragte Jan Rickmers ungläubig.

„Ja. Er hat sie versetzt." Die paar Worte überstürzten sich fast, so drängten sie hervor.

„Versetzt? Kemkes hat die Tjalk versetzt?" rief der Schiffer erschreckt. „Woher weißt du das?"

„Vater! Vergebung!" bat der junge Mann in höchster Qual. „Wir wollten es gemeinsam machen."

Dann sank er hintenüber. Auch Jan Rickmers mußte sich auf einen Stuhl setzen. Die Knie zitterten ihm. Die Hand, die seines Sohnes Rechte umspannt hielt, löste sich langsam. Das mochte dieser fühlen, denn verzweifelt, mit durchdringender Stimme rief er:

„Halte mich! Vater! Halte mich! Ich gehe sonst unter!"

Da nahm der Vater die Rechte seines Sohnes wieder in seine beiden Hände. Darauf wurde es ganz still im Zimmer. Wie gebrochen sah er seinen Sohn an. Es war, als hätte ein Sturm einen starken Baum geknickt. Dann begann Wilhelm zu sprechen, alles rückhaltlos zu bekennen. Er beschönigte nichts und verschwieg auch nichts. Er schilderte, wie er durch seinen Leichtsinn Schulden gemacht, wie ihn seine Schulden Kemkes in die Arme getrieben und wie dieser ihn durch Lockungen und Drohungen überredet hatte, die Tjalk zu versetzen.

Dann fragte Wilhelm den Vater, ob es wahr sei, was Tante Anntrina von der Tjalk gesagt hatte. „War sie wirklich nicht mehr versichert, – und hättest du sie jetzt noch gut verkaufen können?"

Jan Rickmers nickte. „Das ist das wenigste, Willm", sagte er traurig. „Der Verlust ist zu ertragen. Aber, mein armer Junge, wohin hat dich der Feind gebracht? Was wäre aus dir geworden, hätte dich der Herr Jesus nicht noch in letzter Minute auf dem Weg des Verderbens aufgehalten?"

Eine ganze Weile war es still im Zimmer.

„Vater, vergib mir!" kam es flehentlich von Wilhelms Lippen.

„Was ich dir zu vergeben habe, ist nicht viel, Willm, und ich tue es von Herzen gern. Unendlich wichtiger ist, daß du mit Gott in Ordnung kommst. O, mein Junge, bete zu ihm, daß Er dir vergebe, damit du als ein neuer Mensch dein Krankenlager verlassen kannst! Wenn dein Vorhaben menschlicher Gerechtigkeit gegenüber auch keine Schuld darstellt, weil die Tjalk nicht mehr versichert war, – Gott beurteilt die Sache anders, Er sieht das Herz an. Wohin stand dein Trachten? Willm, mein Junge, sieh doch, wie unsicher ist der irdische Besitz! Wie schnell kann er uns genommen werden, oft in einer eizigen Stunde – wie bei Onkel Pitt. Und wenn du nun mit der Tjalk untergegangen wärest – in die ewige Verdammnis . . ."

„Vater, bete für mich", stieß Wilhelm hervor, „ich bin verloren!"

Jan Rickmers sank auf die Knie, und ein ernstes Gebet um Errettung stieg zu Gott empor. Und Gott erhörte. Er, der Wilhelm die Augen über seinen verlorenen Zustand geöffnet hatte, lenkte nun seine Blicke auch nach Golgatha. Wilhelm konnte glauben, daß der Herr Jesus dort auch für seine Sünden gelitten hat. In dem kostbaren Blut dieses Lammes ohne Fehl und Flecken fand auch er Ruhe und Frieden.

In der folgenden Nacht schlief Wilhelm zum erstenmal ruhig und friedlich, wußte er doch, daß seine Schuld ausgelöscht war.

Als er nach mehreren Wochen sein Bett verlassen konnte, merkten die Arbeitskollegen und die anderen Dorfbewohner, daß sich Wilhelm verändert hatte. Frei und offen bekannte er jetzt, ein Eigentum des Herrn Jesus geworden zu sein.

Und nun kam es, wie es oft geschieht. Lange hatte die Saatzeit gedauert. Immer und immer wieder hatte der alte Rickmers unermüdlich den Samen des Wortes Gottes in den harten, schwer zu bearbeitenden Boden gestreut. Und nun kam zu seiner großen Freude die Erntezeit. Es war, als ob mit Wilhelms Umkehr eine große Bresche in die Festung der harten Herzen der Inselbewohner geschlagen sei. Viele fragten sich ernstlich, was bis dahin der Sinn ihres Lebens gewesen war, und sie erkannten in diesem Ereignis Gottes Hand.

Pitt Rickmers war einer der ersten, die ernst machten und sich zu Gott bekehrten. Die eine Nacht hatte ihn darüber belehrt, daß es von Gottes Seite nur eines Hauches bedarf, um menschliche Pläne wie ein Kartenhaus zusammenstürzen zu lassen. Auf so unsicherem Boden wollte er nicht weiterbauen, zumal nicht sein ewiges Heil. Und er, dessen ganzes Denken früher nur das Diesseits ausgefüllt hatte, gerade er war es, der von Stund an jede Gelegenheit benutzte, um seinen Nachbarn und Bekannten die Vergänglichkeit allen irdischen Besitzes zu bezeugen. Stets wies er dabei auf die ewige Wahrheit des Bibelwortes hin, das ihm besonders wichtig geworden war:

„Trachtet aber zuerst nach dem Reiche Gottes und nach seiner Gerechtigkeit, und dies alles wird euch hinzugefügt werden."

Allein in London

Es war an einem drückend heißen Julitag. Die sengende Sonne hatte den ganzen Tag ihre Strahlen in die staubigen Straßen Londons gesandt, bis das Pflaster glühend heiß war und die barfüßigen Straßenkinder ängstlich vermieden, darauf zu laufen. Wer irgend den dumpfen, engen Hintergassen entrinnen konnte, hielt sich in den städtischen Anlagen auf, wo die Bäume wenigstens ein wenig Schatten boten. In dem Stadtviertel der armen Leute war es fast unerträglich heiß, und die Luft war durch die faulenden Fisch- und Gemüsereste, die in den Gassen lagen, völlig verpestet.

In einem der vielen Gäßchen wohnte der Zeitungsverkäufer Oliver, wie in kleinen Buchstaben kaum leserlich an dem unansehnlichen Schaufenster geschrieben stand. Der Laden war so klein, daß kaum zwei Kunden zu gleicher Zeit Platz gehabt hätten. Neben dem Laden war ein anderer Raum, größer als man auf den ersten Blick meinte. Offenbar war dies der einzige Wohnraum des Ladenbesitzers, und seine ganze kümmerliche Einrichtung deutete darauf hin, daß der alte Mann allein lebte. Obwohl draußen die Sonne noch lange nicht untergegangen war, brannte im Laden wie auch im Wohnzimmer die Gaslampe.

Oliver saß in der Nähe der geöffneten Tür, um den Laden im Auge zu behalten – eine Vorsichtsmaßnahme, die er sich hätte sparen können, da sich um diese Zeit nie ein Kunde hierher verirrte. Er war ein altes gebrechliches Männchen mit eingefallenen Wangen und tief gefurchter Stirn. Offenbar wurde ihm das Gehen sehr sauer, denn er bewegte sich nur langsam vorwärts, und sein Rücken war gekrümmt. Seine Züge aber hatten einen freundlichen, friedlichen Ausdruck, und ab und zu verschönte ein müdes Lächeln das alte runzelige Gesicht.

Heute war seine Schwester Charlotte zu Besuch da. Sie kam von Zeit zu Zeit, um das Zimmer gründlich zu reinigen und um zu flicken, was zerrissen war. Soeben hatte sie Nadel, Faden und Fingerhut in ihr altmodisches Nähtäschchen verstaut und schickte sich nun an, ihren schwarzseidenen Hut aufzusetzen und ihren bunten Schal umzulegen. Oliver sah ihr zu und sagte dann:

„Ich weiß nicht, was ich drum geben würde, wenn ich heute auf dem Wrekin sein könnte, um dem Sonnenuntergang zuzusehen. Erinnerst du dich, wie weit wir von dem Berg aus ins Land hineinsehen konnten, und wie köstlich frisch die Luft dort oben war? Sooft ich lese, wie Mose von dem Berg Pisga das Land nach Norden, Süden, Westen und Osten übersah, muß ich an unseren lieben Wrekin denken. – Du liebe Zeit, wie hat sich bei uns alles verändert!" fügte er seufzend hinzu.

„Ja, ja", stimmte die alte Frau bei. „Es ist, als ob man in einer anderen Welt lebte. All die Leute, für die ich damals genäht habe, leben nicht mehr oder sind fortgezogen, und wir beide, du und ich, sind fast allein übriggeblieben. Man fühlt sich einsam und verlassen, wenn man alt wird."

„Verlassen und doch nicht verlassen", sagte Oliver sinnend. „Mein Augenlicht und mein Gehör lassen zwar nach, und ich kann nicht mehr arbeiten wie früher. Aber etwas habe ich, was ich früher nicht hatte. Wenn es anfängt dunkel zu werden und ich in meinem Lehnstuhl sitze, ehe ich das Licht anzünde, ist es mir oft, als sähe ich den Herrn Jesus, und Er spräche mit mir. Ich weiß nicht, ob ich träume. Aber es ist mir, als sähe ich im Dunkeln ein liebes Gesicht, das mich freundlich ansieht. Vielleicht sagt sich der Herr: ,Der alte Oliver ist recht einsam, und er kann nicht mehr gut sehen. Ich will ihm einen kleinen Vorgeschmack geben von dem, was er im Himmel sehen wird.' Und dann kommt Er und setzt sich ein Weilchen zu mir."

„Das sind Dinge, die du dir einbildest, weil du den ganzen Tag Zeit zum Grübeln hast", entgegnete die Schwester.

„Mag sein", antwortete Oliver leise, „aber jedenfalls trage ich die Einsamkeit dadurch leichter."

Nach einer kleinen Pause fragte Charlotte: „Du hast wohl nichts von Sanne gehört, oder –?"

„Nein, nicht ein Wort", antwortete der Alte traurig. „Das ist der einzige Kummer, den ich habe. Ich habe mich damals vom Zorn hinreißen lassen."

„Du bist früher oft jähzornig gewesen", sagte die Schwester.

„Ja. Aber so heftig wie damals war ich nie vorher gewesen. Ich habe ihr gesagt, daß sie nie mehr die Schwelle meines Hauses betreten dürfe, wenn sie diesen Raleigh heiratet. Und sie hat mich beim Wort genommen, obwohl sie hätte wissen können, daß ich nur im Zorn geredet hatte. Sie hätte ihren Vater besser kennen sollen."

„Sie sollte sich endlich demütigen", meinte Charlotte. „In sechs Jahren hätte sie wohl Zeit gehabt, ihre Torheit einzusehen. Weißt du, wo sie jetzt wohnt?"

„Ich weiß gar nichts von ihr", antwortete Oliver, indem er traurig den Kopf schüttelte. „Dieser Raleigh war mir zu ausgelassen, zu unreif, als daß ich ihm meine Tochter hätte anvertrauen mögen. Aber so hitzig hätte ich nicht werden dürfen."

„Und wie habe ich mir Mühe mit ihr gegeben, um ihr Nähen und Stricken und Häkeln beizubringen!" rief das alte Fräulein erregt. „Wenn sie nicht so unvernünftig gewesen wäre, hätte sie die schönste Zukunft vor sich gehabt. Sie hätte mit Leichtigkeit eine der besten Schneiderinnen der Stadt werden können. – Aber nun, leb wohl, Oliver!"

„Leb wohl, Schwester! Gott segne dich!" sagte Oliver, „und komm, so bald du kannst, wieder zu mir!"

Er begleitete sie bis an die Haustür und sah ihr nach, bis sie um die Straßenecke gebogen war. Dann kehrte er langsam ins Haus zurück. Obwohl es noch heiß war, fröstelte es den Alten, so daß er seinen Mantel anzog. Dann setzte er sich in seinen Lehnstuhl und sah sinnend auf die Straße hinaus. Nach einer Weile nickte er ein, und es war schon ganz dunkel, als er plötzlich erschreckt in die Höhe fuhr. Vom nahen Kirchturm schlug es neun Uhr. Es war Zeit, daß der Laden geschlossen wurde.

Mühsamen Schrittes holte der alte Oliver die Fensterläden, die hinter der Tür lehnten, und wollte sie auf die Straße hinaustragen, als er plötzlich durch ein zitterndes Kinderstimmchen, das ihm aus nächster Nähe entgegentönte, aufgehalten wurde.

„Ein kleines Mädchen ist hier", sagte das Stimmchen.

Oliver bückte sich und unterschied trotz der Dunkelheit die Umrisse eines Kindes, das auf dem Boden neben ihm saß und einen kleinen Hund fest in den Armen hielt. Das Gesichtchen kam ihm sehr klein und mager vor, und das Stimmchen lautete, als ob die Kleine nur mühsam die Tränen zurückhalten konnte.

„Wie heißt du, Kleines?" fragte Oliver zögernd.

„Dolly heiße ich", antwortete das Kind.

„Hast du keinen anderen Namen?"

„Ich heiße immer nur Dolly, und mein Hündchen heißt Beppo." Dabei legte sie die Schnauze ihres Lieblings zur Begrüßung in die Hand des alten Mannes, und das Tier wedelte mit dem Schwanz und leckte die welken Finger.

„Wie kommst du in meinen Laden?" forschte Oliver weiter.

„Mutter hat mich hergebracht und gesagt, ich solle hierbleiben, bis sie zurückkommt, und ich soll recht brav sein", erklärte die Kleine schluchzend. „Bin ich brav?" fragte sie ängstlich.

„Ja, ja, du bist ein braves Mädchen", sagte der Alte beschwichtigend, „und deine Mutter wird dich sicher bald abholen. Geh mit mir an die Tür, damit wir sehen, ob sie nicht bald kommt."

Er nahm seinen kleinen Schützling, den er sofort ins Herz geschlossen hatte, bei der Hand, ging zur Haustür und sah prüfend hinaus. So sehr er aber seine Augen anstrengte, so konnte er doch nichts von einer Frau entdecken. Die ganze Straße entlang war niemand zu sehen außer einem zerlumpten Gassenjungen, der auf dem niedrigen Fenstersims des gegenüberliegenden Hauses saß und den alten Oliver und das kleine Mädchen aufmerksam zu beobachten schien.

„Weit und breit ist nichts von ihr zu sehen", rief der Junge dem alten Mann zu, „und ich wette, daß sie auch nicht so bald kommen wird. Ihr sucht doch die Mutter des kleinen Mädchens, stimmts?"

„Ja", antwortete Oliver. „Kannst du mir vielleicht Auskunft geben über sie, mein Junge?"

„Ich weiß gar nichts von ihr", antwortete der fremde Junge freundlich. „Sie fiel mir nur auf, weil sie meiner Mutter ein wenig ähnlich sah, und da ich gerade nichts zu tun hatte, ging ich ihr nach. Ich hätte beinahe laut gelacht, als ich sah, wie sie die Kleine in Euren Laden schickte und dann davonlief, als ob ihr die Polizei auf den Fersen wäre."

„Wann war das?" forschte der Alte.

„Auf dem Kirchturm hatte es gerade acht geschlagen; seitdem habe ich auf Euch gewartet."

„Vor einer Stunde schon!" rief der Alte, „dann wird es Zeit, daß sie zurückkommt."

Aber noch immer war niemand zu sehen, und die Kleine schmiegte sich enger an ihren neuen Beschützer. Plötzlich verließ der fremde Junge seinen Platz auf dem Fenstersims, kam über die Straße herüber und sah den Alten forschend an.

„Aber – Ihr bringt sie nicht zur Polizei", bat er. „Sie wird dann ins Armenhaus gesteckt, und dort ist es schlimmer als im Gefängnis. Ich weiß schon, so kleine Mädchen kommen nicht ins Gefängnis. Wenn Ihr sie nicht behalten wollt, dann gebt sie mir. Ich will schon für sie sorgen. Für so ein kleines hübsches Mädchen bekommt man leicht genug zu essen. Gebt sie nur mir!"

„Wie heißt du denn, und wo kommst du her?" fragte Oliver den fremden Jungen, indem er das kleine Mädchen fester an die Hand nahm.

„Ich komme nirgends her", antwortete dieser gelassen, „und ich heiße Tony. Meine Mutter hat mir zwar vor ihrem Tod gesagt, daß ich noch einen Namen habe, aber den habe ich vergessen. Doch das macht nichts, nennt mich nur Tony."

„Und wie alt bist du, Tony?"

„Das weiß ich nicht", antwortete er. „ich war nicht viel größer als das kleine Mädchen, als meine Mutter starb. Und seitdem habe ich mich selbst durchgeschlagen. Meinen Vater habe ich nicht gekannt."

„Selbst durchgeschlagen?" wiederholte der Alte.

„Im Sommer geht es ganz gut, und ich könnte ohne Mühe für das kleine Mädchen sorgen", erklärte der Junge bestimmt. „Für die Nacht finde ich in den öffentlichen Anlagen einen Unterschlupf – vorausgesetzt, daß mich die Polizei in Ruhe läßt. Versprecht mir nur, daß Ihr das Kind nicht auf die Polizei bringt!" bat er noch einmal, und dabei kamen ihm die Tränen. „Ich könnte es nicht ertragen, wenn ich denken müßte, daß diese Leute grob mit ihm sind."

„Beruhige dich, Junge", sagte Oliver freundlich. „Ich versorge die Kleine selbst, bis ihre Mutter sie wieder holt. Jetzt wird sie aber ihr Abendessen haben wollen, wie?" Dabei beugte er sich liebevoll über die Kleine.

„Beppo hat auch Hunger", sagte Dolly so klar und deutlich, daß selbst der schwerhörige Alte sie sofort verstand.

„Ja, Beppo soll natürlich auch etwas zu essen bekommen, so gut wie seine kleine Herrin", antwortete er. „Ich will nur erst das Ladenfenster schließen und das Licht anzünden. Wenn wir die Tür offen lassen, findet die Mutter schon den Weg zu uns, und wenn sie heute nicht mehr kommt, schläft mein kleines braves Mädchen in meinem Bett, nicht wahr?"

„Dolly muß brav sein, bis die Mutter wieder zurückkommt", wiederholte die Kleine in kläglichem Ton und hielt dabei ihren kleinen Hund fest am Ohr.

„Laßt mich die Läden festmachen, Herr", sagte Tony diensteifrig, „ich verlange nichts dafür, und morgen früh sehe ich nach, wie es gegangen ist. Sie ist gar so klein."

Rasch waren die Läden festgemacht, und dann warf Tony noch einen langen, zärtlichen Blick auf den alten Mann und das kleine Kind. Wie gern hätte er ihnen die Hand zum Abschied gegeben, aber er meinte, daß sie zu schmutzig sei. „Morgen wasche ich mich, ehe ich hierher komme", sagte er kurz, wandte sich um und lief davon.

Oliver ging ins Haus zurück und gab seinem kleinen Gast Brot und Butter und den Becher Milch, den er jeden Abend für sich kaufte, und das Hündchen ging auch nicht leer aus. Dann nahm er die Kleine mit Beppo auf den Schoß und wartete, bis es elf Uhr schlug. Dolly war längst eingeschlafen, und nun gab auch der Alte die Hoffnung auf, daß die Mutter des Kindes noch an diesem Abend kommen werde.

Er zog die Kleine aus und legte sie ins Bett, wo er ihr mit dem einzigen Kopfkissen, das er besaß, ein molliges Nestchen zurechtmachte. So vorsichtig der Alte auch zu Werke gegangen war, so wachte Dolly dennoch auf, sah sich verwirrt im Zimmer um und fing leise an zu weinen. Da setzte sich Oliver zu ihr ans Bett und tröstete sie, so gut er konnte. Plötzlich richtete sie sich auf, kniete nieder, und die gefalteten Händchen auf die Schulter des alten Mannes lehnend, sagte sie schlaftrunken:

„Dolly ist sehr müde, aber ihr Nachtgebet muß sie noch sagen."

„Wie heißt denn dein Nachtgebet, mein Kind?" fragte Oliver.

„Lieber Gott, segne den Großvater, den Vater und die Mutter – und mach ein braves Kind aus mir!" flüsterte Dolly, und ehe sie Amen gesagt hatte, war sie wieder fest eingeschlafen.

Für den alten Mann war es eine große Anstrengung gewesen, bie er die Kleine versorgt hatte, und er mußte sich ein Weilchen ausruhen, ehe er die verschiedenen kleinen Kleidungsstücke, die auf dem Boden umherlagen, aufheben und zusammenlegen konnte. Als er endlich wieder genug Kraft hatte und das Kleidchen aufhängen wollte, fiel ein Brief zur Erde. Er hob ihn auf, und da er „An Herrn Oliver, Zeitungshändler" adressiert war, öffnete er hastig den Umschlag. An den Schriftzügen erkannte er sofort, daß der Brief von seiner Tochter kam. Sie schrieb:

„Lieber Vater!

Es tut mir sehr leid, daß ich etwas getan habe, was Dich so sehr gegen mich erzürnte, und ich schicke Dir mein kleines Töchterchen als Friedensstifter. Du wirst es gewiß nicht übers Herz bringen, sie von deiner Tür zu weisen. Ich gehe jetzt auf drei Tage nach Portsmouth, weil mein Mann, der vor fünf Monaten

Soldat geworden ist, nächsten Freitag mit seinem Regiment nach Indien fährt. Ich dachte, ich wolle Dir unterdessen die Kleine schicken. Vielleicht gewinnt sie mit ihrer netten kindlichen Art Dein Herz, so daß Du auch ihre arme Mutter milder beurteilst. Wenn ich in drei Tagen zurückkomme, wollen wir friedlich miteinander leben, und es soll uns an nichts fehlen, bis mein Mann heimkehrt. Wenn er nüchtern war, war er stets gut mit mir, und das kann man nicht von allen Männern sagen. Bitte, vergib mir! Vergib mir aus Mitleid um Jesu willen, wenn ich überhaupt Seinen Namen noch in den Mund nehmen darf, und nimm dich meines Kindes an, bis ich Freitag wiederkomme.

Deine jetzt gehorsame Tochter Sanne."

Dicke Tränen liefen dem alten Mann über die Wangen, während er zweimal hintereinander den Brief las. Dolly war also sein Enkelkind – sein eigenes Enkelkind! Dolly war nur eine Abkürzung des Namens seiner verstorbenen Frau. Dorothea hatte sie geheißen, und er hatte sie zuweilen auch Dolly genannt.

Der Alte konnte sein Glück kaum fassen. Er zündete eine Kerze an und betrachtete noch einmal die Kleine mit ihrem vom Schlaf rosig gefärbten Gesichtchen und den blonden Locken, die wirr das Köpfchen umgaben. Er mußte ein paarmal seine Brille putzen, um sein Enkelkimd genau sehen zu können. Und während er sachte die Bäckchen streichelte, flüsterte er: „Segne es, Herr, segne es!"

Es dauerte lange, bis er sich einigermaßen gefaßt hatte und zur Ruhe gekommen war. Dann konnte er nicht anders als mit seinem Herrn über die Ereignisse des Tages sprechen. „O treuer Herr, Du bist unaussprechlich gut gegen mich!" sagte er halblaut vor sich hin. „Du hast gesagt, daß Du mich nicht ohne

Trost lassen willst, und Du hast Dein Wort gehalten. Dein guter Geist hat mich oft getröstet und mein Herz erquickt. Du hast mich nie verlassen. Nur die, die Dich nicht kennen, müssen sich verlassen fühlen. Und nun schickst Du mir auch noch das Kind. Ja, Herr, Du bist unaussprechlich gut."

Endlich legte auch er sich ins Bett. Aber schlafen konnte er nicht, dazu hatte er zu viel nachzudenken. Wohl war es schwül und dumpf im Zimmer, und draußen grollte ab und zu der Donner. Aber im Herzen des alten Mannes herrschten Friede und Freude. Sein Enkelkind lag neben ihm, und in drei Tagen wollte seine Sanne zu ihm zurückkommen! O wie herzlich wollte er sie aufnehmen! Kein Vorwurf sollte aus seinem Munde kommen! Gewiß, sie war eigensinnig und ungehorsam gewesen und hatte ihren alten Vater jahrelang vernachlässigt. Aber die Hauptschuld, so sagte er sich, war doch bei ihm, weil er so zornig gegen sie gewesen war.

Am anderen Morgen, längst ehe das Tageslicht in die dunkle Stube drang, war der alte Mann auf den Beinen und schaffte. Seit seine Tochter ihn verlassen hatte, war er gewohnt, seinen kleinen Haushalt selbst zu besorgen, und er scheute keine Mühe, um alles so sauber wie möglich zu halten. Nun hatte er außer der täglichen Hausarbeit noch Dolly zu waschen und anzuziehen und ihr das Frühstück zu bereiten. Geschäftig humpelte der Alte bald dahin, bald dorthin, dazwischen warf er immer wieder einen liebevollen Blick auf sein schlafendes Enkelkind. Als es nicht mehr so fest zu schlafen schien, setzte er Beppo aufs Bett, damit ihr Blick beim Erwachen gleich auf etwas Bekanntes fallen konnte. Und wirklich, ehe Dolly die Augen aufzuschlagen wagte, hatten ihre kleinen Hände den struppigen Kopf des Hundes ergriffen. Sie warf einen verstohlenen Blick auf den alten Mann und fragte Beppo:

„Wie soll ich den alten Mann nennen?"

„Ich bin dein Großvater, Herzchen", sagte Oliver so sanft wie möglich.

„Bist du der ‚Gott segne den Großvater'?" rief die Kleine lebhaft, indem sie sich aufsetzte und forschend das runzelige Gesicht vor sich betrachtete.

„Ja, der bin ich", antwortete er zaghaft.

„Dann kennt Dolly sich schon aus", sagte das Kind und zählte an ihren Fingerchen: „Vater, Mutter, Beppo – und jetzt ist der Großvater auch da! Dolly muß aber jetzt aufstehen."

Ehe sichs Oliver versah, hatte sie ihre Ärmchen um seinen Hals gelegt und ihn geküßt. Des Alten Gesicht strahlte vor Freude.

Er staunte, wie die Kleine beim Anziehen Bescheid wußte. Oft lachte sie hellauf über die sonderbaren Fehler, die der Großvater machte, wenn er etwa das Leibchen vorn zuknöpfen oder das rechte Schuhchen an den linken Fuß steckte. Endlich war das mühselige Werk beendet. Aber o weh! über den neuen Aufgaben waren dem armen Oliver die alten Pflichten ganz aus dem Sinn gekommen. Er dachte weder daran, seinen Laden zu öffnen, noch seinen Zeitungsvorrat an der Ausgabestelle abzuholen. Erst als laut an der Tür geklopft wurde, fiel ihm ein, daß er vergessen hatte, den Laden zu öffnen, und daß seine besten Kunden längst vorbeigegangen sein mußten.

Tony, der so stürmisch Einlaß begehrt hatte, begrüßte den Alten mit einem vorwurfsvollen Blick.

„So geht es nicht", sagte er altklug. „Geschäft ist Geschäft, und das darf nicht vernachlässigt werden. Ich war ganz starr vor Schreck, als ich sah, daß Euer Laden noch nicht geöffnet war. Wie geht es ihr?"

„Gut, sehr gut", antwortete Oliver kleinlaut.

„Hat sich die Mutter noch blicken lassen?"

„Nein, sie kommt erst am Freitag."

Tony pfiff vor sich hin, ohne irgend eine Bemerkung zu machen. Vor allen Dingen nahm er die Läden vor dem kleinen Schaufenster ab, dann musterte er sich wohlgefällig von oben bis unten.

„Ich habe mich heute morgen am Brunnen gewaschen, längst ehe die Polizisten auf den Beinen waren", sagte er stolz. „Schade nur, daß die Zeit nicht mehr gelangt hat, um mein Hemd ordentlich zu waschen; ich konnte es nur unter der Brücke ein paarmal durchs Wasser ziehen und auswringen. Aber, nicht wahr, — ein bißchen reiner als gestern sehe ich doch aus, oder?"

„Freilich, freilich", antwortete Oliver. „Komm herein, Junge, du sollst auch einmal ein ordentliches Frühstück haben."

„Gibt es ein Tagblatt bei Euch?" fragte Tony in gönnerhaftem Ton. „Habts wohl verschlafen, oder? Mir kanns ja egal sein, denn ich kann nicht lesen. Aber es könnten doch vielleicht Leute vorbeikommen, die gern die neue Zeitung kaufen würden. Soll ich schnell ein paar Exemplare für Euch holen?"

Zögernd gab Oliver dem Jungen ein Geldstück. War es nicht töricht, dem fremden Jungen so viel Vertrauen zu schenken? Aber sobald er wieder am Frühstückstisch saß, hatte er seine Sorge vergessen, und Tony mißbrauchte auch nicht das in ihn gesetzte Vertrauen – in wenigen Minuten war er mit der richtigen Anzahl Zeitungen wieder zur Stelle.

Dann erst schenkte der Gassenjunge der Aufforderung des Hausherrn Gehör, setzte sich vergnügt auf eine alte Kiste und verzehrte ein großes Stück Brot und trank von dem warmen Kaffee, während Beppo ihn argwöhnisch beschnüffelte. Auch Dolly fühlte sich durch die Anwesenheit des fremden Jungen nicht recht heimisch. Ihr sonst so eifriges Mündchen verstummte, und sie verzehrte ihr Frühstück mit ernster Miene, daß Oliver und Tony immer wieder zu ihr hinschauten.

Als die Kinder gesättigt waren, zog Oliver den Brief seiner Tochter aus der Rocktasche und las ihn Tony vor, der sehr aufmerksam zuhörte.

„Dann gehört die Kleine also Euch", sagte er sichtlich enttäuscht, „und Ihr werdet sie mir nicht überlassen, wenn Ihr sie hier nicht mehr behalten könnt – aber der Polizei werdet Ihr sie dann doch hoffentlich auch nicht ausliefern?" setzte er fragend hinzu.

„O nein, gewiß nicht!" versicherte Oliver nachdrücklich, „zudem kommt die Mutter ja Freitag zurück. Da werde ich das Kind doch nicht aus der Hand geben! Nein, nein, das mache ich nicht!"

„Und der Mann ist unter die Soldaten gegangen", fuhr Tony etwas mißmutig fort. „Das war schon längst auch mein Wunsch. Aber selbst wenn ich mich meldete, so würden sie mich jetzt doch nicht nehmen. Aber von wem spricht Ihre Tochter denn noch in dem Brief? Was meint sie, wenn sie schreibt: ‚Um Jesu willen, wenn ich Seinen Namen überhaupt noch in den Mund nehmen darf'? Von wem redet sie da?"

„Kennst du Ihn nicht?" fragte Oliver erstaunt.

„Nein, ich habe nie etwas von ihm gehört. Ist er ein Freund von Euch?"

„Das will ich meinen", entgegnete der Alte freudig, „Er ist mein einziger, mein bester Freund und außerdem noch mein Herr und Meister."

„Und Eure Tochter meint, er würde bös werden, wenn Ihr die Kleine nicht aufnehmen würdet?"

„Ja, ja, und sie hat recht. Es würde Ihn tief betrüben. Er hat gerade die kleinen Kinder so besonders lieb und nie erlaubt, daß man sie von Ihm zurückhielt, mochte er noch so beschäftigt sein. Selbst wenn Dolly nicht mein Enkelkind wäre, würde ich nicht wagen, sie fortzuschicken. – Herr, du weißt, daß ich mich ihrer dann um Deinetwillen angenommen hätte!"

Der Alte hatte alles um sich her vergessen und redete halblaut, als ob er zu jemandem spräche, den Tony nicht sah, und der Junge hatte so viel Grund zum Nachdenken, daß auch er eine ganze Weile schwieg.

„Wie lange arbeitet Ihr schon für Euren Herrn?" fragte er endlich.

„Leider noch nicht sehr lange", antwortete Oliver. „Ich habe allerdings jahrelang gemeint, ich arbeite für Ihn. Aber es war ein erbärmliches Arbeiten, und auch jetzt kann ich nicht viel für Ihn schaffen. Aber Er weiß, daß ich schon alt bin. Es liegt Ihm hauptsächlich daran, daß ich Ihn liebhabe, und Er weiß, daß das bei mir der Fall ist."

Tony schien die Sache sehr zu interessieren. Er sah ganz nachdenklich vor sich hin, dann sprang er von der Kiste auf, fuhr mit den Händen durch sein nasses, struppiges Haar und fragte:

„Also für Kinder hat Euer Herr eine besondere Vorliebe, meint Ihr?"

„Ja, ja", antwortete der Alte.

„Nun, mich würde er wohl kaum schon zu den großen Leuten zählen", fuhr der Junge fort, „wenn ich überhaupt Lust hätte, in seinen Dienst zu treten. Zunächst möchte ich am liebsten mein eigener Herr bleiben. Und vielleicht gelingt es mir doch, als Straßenkehrer feste Arbeit zu finden. Aber glaubt Ihr, daß er mich annehmen würde, wenn ich je einmal wirklich in Not käme und Ihr dann ein gutes Wort für mich einlegtet?"

„Hast du wirklich nie etwas von Ihm gehört, Junge?" fragte Oliver verwundert.

„Wie sollte ich von ihm gehört haben? Ich kenne doch nicht all die vielen vornehmen Leute, die in London wohnen, wenn ich auch schon viele in ihren Kutschen habe herumfahren sehen. Wie ich Euch schon gesagt habe, war ich nicht viel größer als Eure Kleine da, als meine Mutter starb. Seitdem bin ich auf der Straße zu Hause, und es ist mir nicht schlecht ergangen. Anfangs haben andere Jungen mir ein bißchen geholfen, und jetzt bin ich soweit, daß ich selbst der Kleinen helfen könnte.

Das Leben auf der Straße ist nicht teuer. Man hat nichts zu zahlen für Miete und Kohlen, für Betten und Möbel. Soviel um seinen Hunger zu stillen und sich ab und zu ein gebrauchtes Kleidungsstück zu kaufen, kann man sich schon verdienen. Wenn ich erst mal einen Besen und einen guten Straßenübergang zum Sauberhalten gefunden habe, dann bin ich fein raus. Aber die Frage ist, wie ich dazu kommen kann."

„Vielleicht würde der Herr Jesus dir dazu verhelfen, wenn du Ihn bätest", sagte der alte Mann ernst.

„Meint Ihr? Nun, wenn ich mir meinen Wunsch nicht selbst erfüllen kann, bitte ich ihn vielleicht um Hilfe. Er wird aber dann wollen, daß ich für ihn arbeite. Wo wohnt er denn?"

„Ich will dir mehr von Ihm erzählen, wenn du einmal wieder zu mir kommst", antwortete Oliver.

„Samstag schaue ich wieder herein, um zu sehen, ob die Mutter zurückgekommen ist", versprach Tony. „Jetzt lebt wohl – leb wohl, kleines Fräulein!"

Heute durfte er es schon wagen, der Kleinen die Hand zu geben, und er sah glücklich aus, als er das kleine Händchen in der seinen hielt.

„Danke auch für das Frühstück", rief er beim Hinausgehen. „Wenn ich wiederkomme, geschieht es nur, weil ich die Kleine sehen möchte, und nicht, damit Ihr mir wieder zu essen gebt."

Die nächsten drei Tage waren ungetrübte Freudentage für den alten Oliver. Die Kleine war ein herziges, liebes Geschöpfchen, so daß der Großvater sich an ihr nicht sattsehen konnte. Sie ging ihm nicht von der Seite. Morgens, wenn er seinen Zeitungsvorrat holte, trippelte sie neben ihm her. Wenn er das

Zimmer säuberte, wollte sie ihm helfen, indem sie die Füße des Tisches und der beiden Stühle abstaubte. Während er kochte, stand sie mit neugierigen Augen neben ihm und sah ihm zu. Zu anderen Zeiten spielte sie mit ihrem geliebten Beppo und plauderte so nett mit ihm, daß Oliver oft alles um sich her vergaß und ihr voll Entzücken zuhörte. Zuweilen spielte er selbst mit ihr Verstecken und war dann fast ebenso eifrig wie das Kind. Manchmal nahm sie ihm heimlich die Brille, das Taschentuch oder sonst etwas, versteckte es und machte dann das ernsteste Gesichtchen von der Welt, wenn er alles nach den vermißten Gegenständen absuchte.

Ehe sichs der Alte versah, war es Freitag geworden, und je weiter der Tag vorschritt, um so beklommener wurde ihm zumute. Einerseits konnte er kaum den Augenblick erwarten, wenn er seine Tochter wieder in die Arme schließen durfte, andererseits graute ihm ein wenig vor dem Gedanken, wie sich ihr Zusammenleben künftig gestalten würde. Er fürchtete, daß er seine Wohnung, die ihm trotz ihrer Ärmlichkeit liebgeworden war, werde aufgeben müssen. Das Zimmer war für drei Personen freilich etwas klein, und er wußte, daß Sanne nicht erlauben werde, daß er sein eigenes Bett ihr und ihrem Töchterchen zur Verfügung stellte und selbst in einer Ecke auf Stroh schlief.

Solche und ähnliche Gedanken beunruhigten ihn zwar, aber die Freude auf das baldige Wiedersehen mit der Tochter gewann doch immer wieder die Oberhand. Er bereitete mit besonderer Sorgfalt ein für seine Verhältnisse geradezu üppiges Abendessen und suchte dann sich und dem Kind die lange Wartezeit so gut er konnte zu verkürzen. Endlich schlief Dolly ein, ohne daß die Mutter gekommen war.

Auf einmal hörte er Tritte vor der Tür. Aber es war nicht die

Tochter, sondern der Postbote. Er warf einen Brief auf den Ladentisch. Zitternd vor Erregung ging Oliver mit dem Schreiben an die Tür, um besser sehen zu können, und las:

„Mein geliebter Vater!

Mir ist, als müsse mir das Herz brechen, denn ich muß eine Wahl treffen, die mir so schwerfällt. Das Regiment meines Mannes soll heute noch den Hafen verlassen, und vor einer Stunde machte mir die Frau des Herrn Oberst unter sehr guten Bedingungen das Angebot, mich als Haushilfe mitzunehmen, da die vorige sie im letzten Augenblick im Stich gelassen hat. Ich könnte die Stelle gut versehen, da ich schneidern kann, und mein Mann fleht mich an, mitzugehen. ‚Wenn du mitgehst, Sanne, dann gebe ich mit Gottes Hilfe das Trinken auf', hat er gesagt, ‚laß mich nicht zugrunde gehen, Sanne, du weißt, daß ich dich lieb habe!' – ‚Aber meine Dolly, mein armes Kind!' rief ich.

Das Kind sei bei seinem Großvater gut aufgehoben, meinte die Frau Oberst, und sie wolle mir gleich fünfzig Mark geben, die ich Dir fürs erste als Kostgeld schicken könne. So überredeten sie mich schließlich. Es tut mir leid, daß ich nicht einmal von Dir und von Dolly Abschied nehmen kann, aber das Schiff fährt schon in einigen Stunden ab. Ich weiß, lieber Vater, daß Du mein Kind gut versorgen wirst, und Tante Charlotte wird Dollys Kleidung in Ordnung halten. Ich schicke Dir durch die Post eine Schachtel mit Dollys Sachen. Ach, wenn ich Dich nur vor der Abreise sehen und aus Deinem Mund hören könnte, daß Du Deiner armen Sanne vergeben hast, dann würde mir das Weggehen nicht so schwer! Ich hoffe, daß Dir meine kleine Dolly ein rechter Trost sein wird. Grüße sie von mir und sage ihr, daß ich sie lieb habe! Ich schicke Dir und ihr tausend Küsse. Wir werden so bald wie möglich heimkommen; nur weiß ich gar nicht recht, ob Indien sehr weit von hier entfernt ist. Denke ich an meinen Mann, dann halte ich es für meine Pflicht, mitzugehen. Gott schütze uns alle.

Deine Dich liebende, tiefbetrübte Tochter

Sanne Raleigh"

Es dauerte lange, bis Oliver den ganzen Sinn des Briefes erfaßt hatte, und dann fühlte er sich fast erleichtert. So sehr er sich auch auf seine Tochter gefreut hatte und es ihn nun schmerzte, daß sie anstatt heimzukommen auf dem Weg nach einem fernen Land war, so war er doch andererseits froh, daß er seinen kleinen Liebling nun noch länger behalten durfte. Wie sie diese drei Tage verbracht hatten, so durften sie nun weiter miteinander leben. Wenn er zu wählen gehabt hätte, so hätte er jedenfalls darauf bestanden, daß Sanne zu ihm zurückkehrte. Nun aber, da er nichts zu entscheiden gehabt hatte, fand er, daß er eigentlich recht zufrieden sein konnte.

Nachdem er Dolly zu Bett gebracht hatte, wollte er den Laden schließen. Da nahm ihm Tony die Fensterläden ab und fragte dabei leise:

„Nun, — ist sie gekommen?" indem er mit dem Daumen nach dem Wohnzimmer deutete.

„Nein", antwortete Oliver. „Ich habe einen Brief von ihr bekommen, in dem steht, daß sie mit ihrem Mann nach Indien geht, und daß sie die Kleine in meiner Obhut läßt."

„Was wird aber der Herr dazu sagen?" forschte Tony.

„Welcher Herr?"

„Nun – der Herr Jesus. Was wird er dazu sagen, daß sie Euch und die Kleine wieder allein läßt?"

„Unser Herr sagt, daß eine Frau ihren Vater verlassen und ihrem Mann anhangen soll", antwortete der Alte traurig. „Da hat sie ganz recht soweit."

„Ich denke, dann wird er Euch helfen, für die Kleine zu sorgen", bemerkte der Gassenjunge.

„Das will ich meinen", versetzte Oliver hoffnungsfreudig. „Da ist mir nicht bange. Du liest wohl nie das Neue Testament, Junge?"

„Ich kann ja nicht lesen. Was steht denn darin?"

„In dem Buch ist die Rede von dem Herrn Jesus, was Er für die Menschen getan hat, und was Er noch für sie tun will. Wenn du einmal abends kommst, lese ich dir und Dolly aus dem Buch vor. Du sollst einmal sehen, wie mäuschenstill Dolly sein kann und wie gut sie aufpaßt."

„Ich komme morgen", sagte Tony eifrig. Erst als der Alte die Tür verriegelt und das Gas ausgelöscht hatte, wandte Tony sich zum Gehen, um sich in einem der öffentlichen Gärten ein Nachtlager zu suchen.

Als Oliver ins Wohnzimmer zurückkehrte und den für Sannes Empfang so festlich gedeckten Tisch sah, wurde er ganz wehmütig. Wie nett hatte er alles hergerichtet, um ihr zu zeigen, daß er ihr voll und ganz vergeben hatte. Er brachte es nicht übers Herz, den Tisch abzuräumen, sondern setzte sich in den Lehnstuhl. An seinem Geiste zogen die Erlebnisse der Jahre vorüber, seitdem er als Junge in seinem Vaterhaus am Fuß des

Wrekin gewohnt hatte. Mit einem Male kam ihm so recht zu Bewußtsein, wie alt und gebrechlich er war. Er merkte, daß sowohl sein Augenlicht als auch sein Gehör stetig abnahmen. Seine Glieder schmerzten ihn öfter als sonst, und wenn er auch abends todmüde war, konnte er doch nicht gut schlafen.

Das Schlimmste aber war, daß sein Gedächtnis mehr und mehr nachließ. Mehr als einmal war es ihm in der letzten Zeit passiert, daß er eine Zeitung, die schon vierzehn Tage vorher erschienen war, las und seinen Irrtum erst bemerkte, wenn sein Auge zufällig auf das Datum fiel. Auch in Bezug auf Namen ließ ihn sein Gedächtnis oft im Stich. Leute, die Monatsschriften bei ihm abholten, mußten ihm wiederholt ihren Namen sagen und den Titel der Zeitschriften, die sie wünschten, ehe er sie sich merken konnte. Und nun sollte er bei all seiner Gebrechlichkeit die Sorge für ein kleines Kind übernehmen!

Er stützte den müden Kopf in die Hände, und Tränen liefen ihm über seine Wangen. Anstatt der stillen Freude, die er in den letzten Tagen empfunden hatte, fühlte er jetzt nur tiefe Traurigkeit, und die Frage bewegte ihn, was aus ihm, dem alten Mann, und dem kleinen Mädchen werden sollte.

Plötzlich war ihm, als ob ihm eine vertraute Stimme die Worte ins Ohr flüsterte:

„Bis in euer Greisenalter bin ich derselbe, und bis zu eurem grauen Haare werde ich euch tragen; ich habe es getan, und ich werde heben, und ich werde tragen und erretten." –

Wie der alte Oliver befürchtet hatte, so kam es auch: Er vergaß sehr viel und war sich seines Gebrechens oft schmerzlich bewußt. Wenn er mit Dolly spielte oder ihr vorlas, konnte ihm vollständig aus dem Sinn kommen, daß er ein Geschäft zu versehen hatte, und die Kunden mußten ihn erst durch lautes Rufen in die Wirklichkeit zurückbringen. Hatte er sich in eine Zeitung vertieft und gar Berichte aus Indien gefunden, die ihn nun natürlich am meisten interessierten, dann vergaß er ganz, daß die Zeit verstrich, und es wurde Mittag, ehe der Alte auch nur ans Kochen dachte.

Ein wahres Glück war es, daß Tony es sich zur Pflicht gemacht hatte, in dem seltsamen Hauswesen nach dem Rechten zu sehen. Er richtete es ein, daß er morgens in der Nähe war, und wenn er sah, daß der kleine Laden nicht zur gewohnten Zeit geöffnet wurde, dann trommelte er den Alten heraus. Und auch abends war er stets bei der Hand, um den Laden zu schließen. Es dauerte nicht lange, da saß der Junge jeden Abend in Olivers Stube auf einer Kiste und lauschte mit gespannter Aufmerksamkeit, während der Großvater laut vorlas. Dolly saß dabei ganz still auf des Alten Knie und schmiegte sich an ihn. Tony, der nie Liebe erfahren hatte, fühlte sich in eine neue Welt versetzt, und es zog ihn unwiderstehlich immer wieder zu seinen neuen Freunden.

Vor allem war es dem Jungen darum zu tun, möglichst viel von Olivers einflußreichem Herrn zu erfahren, und der alte Mann, dem es Herzensbedürfnis war, vom Herrn Jesus zu reden, las seinem aufmerksamen Schüler am liebsten aus den vier Evangelien vor. In den letzten sechs Jahren hatte er sich angewöhnt, den Herrn Jesus als seinen Freund anzusehen, der beständig leibhaftig in seiner Nähe und bereit war, auf jedes seiner Worte zu merken. Er wußte wohl, daß er mit dieser Ansicht im Widerspruch zu den meisten seiner Mitmenschen stand, die den Herrn Jesus als jemanden ansahen, der vor vielen Jahren gelebt hatte und nun unendlich weit von ihnen entfernt war. Darum antwortete Oliver auch nicht auf die Vorwürfe seiner Schwester Charlotte, die seine Ansichten versponnen nannte. Trotzdem sprach er, wenn er allein war, nach wie vor mit seinem Herrn als mit einem allezeit gegenwärtigen Freund, und natürlich stand auch Tony unter demselben Eindruck.

„Euer Herr beachtet wohl auch die Kleine, wenn er abends zu Euch kommt?" sagte Tony eines abends.

„Natürlich tut Er das", versetzte Oliver ernst. „Er liebt jedes Kind, als ob es Sein eigenes wäre, und in gewisser Beziehung gehören sie Ihm ja auch alle. Erinnerst du dich nicht, daß wir erst gestern abend gelesen haben, wie Er gesagt hat: ‚Lasset die Kindlein zu mir kommen und wehret ihnen nicht'? Der gute Meister würde alle Kindlein der Welt segnen, wenn man sie nur zu Ihm kommen ließe."

„Ich möchte ihn gern einmal sehen", bemerkte Tony nachdenklich, „ihn und die anderen, Petrus und Johannes, Jakobus und wie sie alle heißen. Sie müssen jetzt alle schon ziemlich alt sein, oder?"

„Sie sind tot", sagte Oliver.

„Alle?" fragte der Junge verwundert.

„Ja, alle."

„O", rief Tony, „was mag der Meister getan haben, als sie alle starben? Er tut mir so leid, er muß schon viel Kummer gehabt haben, ja?"

„Gewiß", antwortete Oliver traurig, „man hat Ihn den ‚Mann der Schmerzen' genannt. Kein Mensch hat je so viel Schweres ertragen wie Er."

„Wie lange ist es her, daß sie alle gestorben sind?" fragte Tony weiter.

„Das kann ich nicht mehr so genau sagen. Gewußt habe ich es wohl einmal, aber ich habe es längst vergessen."

„Aber ich dachte immer, Euer Herr lebe noch!"

„Er lebt auch noch!" entgegnete Oliver eifrig. „Ich will dir einmal davon vorlesen. Die Menschen haben Ihn gekreuzigt und in ein Felsengrab gelegt. Da Er aber der Fürst des Lebens ist, ist Er nach drei Tagen wieder lebendig geworden und auferstanden, und jetzt stirbt Er nie mehr. Er selbst hat zu Johannes gesagt: ‚Ich war tot, und siehe, ich bin lebendig von Ewigkeit zu Ewigkeit.' Das heißt, daß Er noch heute lebt und niemals mehr stirbt."

Tony antwortete nicht, sondern starrte nachdenklich ins Ofenfeuer. Allmählich dämmerte ihm der Gedanke, daß Olivers Freund kein gewöhnlicher Mensch sein konnte. Er hatte so gern zugehört, wenn Oliver vorlas, was für ein Leben der Herr geführt hatte, und immer lieber hatten sich seine Gedanken mit ihm beschäftigt. Jetzt aber war es ihm eine große Enttäuschung, zu erfahren, daß er ihn nie sehen und hören konnte, wie er den alten Oliver sah und hörte. Kein Wunder, daß er traurig war.

„Dann kann ich ihn also nie sehen", sagte er endlich leise.

„Nicht gerade so, wie man andere sieht", antwortete Oliver. „Aber Er sieht und hört uns ganz bestimmt, denn Er sagt selbst: ‚Siehe, ich bin bei euch alle Tage.' Ich wüßte nicht, wie ich zurechtkommen sollte, wenn der Herr Jesus mir nicht jeden Tag helfen würde."

„Ich will Euch sagen, was ich tun will", sagte Tony nach einer Weile. „Ich will ihn um etwas bitten. Und wenn er mir meine Bitte erfüllt, dann weiß ich, daß er mich hört." Er wandte sein Gesicht der dunkelsten Ecke des Zimmers zu und sagte: „Ich möchte sehr gern einen Besen und einen Straßenübergang haben, den ich rein halten und mir dadurch meinen Unterhalt etwas leichter verdienen kann."

Der alte Mann war sich nicht ganz sicher, ob Tony recht getan hatte; aber er sprach seinen Zweifel nicht aus, sondern nahm die Bibel zur Hand und las laut vor, bis er innerlich wieder ruhig geworden war.

„Sag einmal, Junge", fragte Oliver, als Tony gehen wollte, „wo schläfst du jetzt eigentlich?"

„Wo ich Schutz gegen den Wind finde. Es ist freilich jetzt oft recht kalt, aber ich muß mir erst noch etwas mehr verdienen, ein Nachtquartier kostet viel Geld."

„Du könntest die Nacht unter meinem Ladentisch verbringen", meinte der Alte. „Ich habe einmal sagen hören, daß Zeitungspapier warm hält, und dort liegt ein ganzer Haufen. Sieh dirs einmal an, vielleicht könntest du einen Versuch machen."

Der Platz war allerdings nicht sehr einladend. Als Oliver mit dem Licht hinleuchtete, sah man in den Ecken dicke Spinnweben. Aber Tony erschien das Fleckchen wie ein kleines Paradies. Ungläubig sah er Oliver an, ob das Anerbieten auch wirklich ernst gemeint sei, und dann kroch er, ohne ein Wort zu sagen, in die Ecke und verbarg sein Gesicht, um seine Tränen nicht zu zeigen. Er fühlte, wie sein Freund eine Decke über ihn legte, aber er war außerstande, auch nur ein Wort des Dankes zu sagen.

Als Tony nach einigen Wochen noch immer keinen Besen und keinen Straßenübergang bekommen hatte, kam ihm der Verdacht, Oliver könne ihm etwas vorgeschwindelt haben. Seitdem er im Laden schlief, hörte er den alten Mann oft mit seinem unsichtbaren Freund reden. Und ein paarmal schlich sich Tony an die Tür und sah, daß Oliver danach immer niederkniete und ein paar Minuten lang sein Gesicht in den Händen barg. Sonst aber konnte er nichts weiter sehen, und sein Wunsch blieb unerfüllt, obwohl er das Beispiel Olivers befolgte und nun selbst jeden Abend niederkniete und seine Bitte flüsterte. Auf alle Fälle hatte er es jetzt leichter und mußte vor allen Dingen des Nachts nicht mehr so frieren. Aber diese Wohltat erwies ihm seiner Meinung nach nicht Olivers Meister, sondern Oliver selbst. So viel er wußte, hatte sich der Herr Jesus bis jetzt noch nicht um ihn gekümmert, und das ärgerte ihn anfangs sehr, dann tat ihm die scheinbare Vernachlässigung weh, und schließlich wurde es ihm gleichgültig.

Oliver hatte sich durch den Liebesdienst, den er dem armen, verlassenen Jungen erwies, nicht geschadet. Tony wachte morgens sehr früh auf, und wenn es regnete, holte er für seinen alten Freund die Zeitungen, ehe er für sich selbst Arbeit suchte. Zur Essenszeit verschwand er immer, denn er wußte, daß Oliver nur mit Not für sich und sein Enkelkind die nötige Nahrung beschaffen konnte. Oft sah er den Alten an der Ladenkasse stehen und mit sorgenvoller Miene die Münzen zählen. Einmal widerfuhr Tony das ungeahnte Glück, daß ihm ein Fünfzigpfennigstück geschenkt wurde. Er ließ es heimlich über den Ladentisch in die Kasse des Alten fallen. Zwar hatte er gehofft, unentdeckt zu bleiben. Aber als Oliver, durch den Fund beunruhigt, ihn danach fragte, mußte er eingestehen, was er getan hatte. Doch setzte er hinzu, daß er viel mehr hätte ausgeben müssen, wenn er in den kalten Nächten in einer Herberge hätte übernachten müssen.

„Nein, nein", sagte Oliver, „du verdienst dir reichlich den Unterschlupf, den ich dir geben kann, indem du die Zeitungen holst und Dolly bei schönem Wetter spazierenführst. Ich sollte dir eigentlich noch etwas zahlen!"

„Hebt es für Dolly auf", bat der Junge und steckte das Geldstück in Dollys Hand.

„Danke", sagte diese erfreut, „Dolly will dir zwanzig Küsse dafür geben."

Tony fand, daß sein kleines Opfer dadurch überreich abgegolten wurde, und er nahm voll Freude die Küßchen in Empfang. Seit seine Mutter gestorben war, hatte ihm niemand mehr so seine Zuneigung gezeigt.

Oliver gab sich noch nicht ganz zufrieden, obwohl er Dolly das Geldstück ließ.

„Du hättest einen Besen für das Geld kaufen können, Tony", sagte er.

„Ach was, ich habe ja schon lange nicht mehr um einen Straßenübergang gebetet", antwortete der Junge, „Euer Meister hat mich nicht gehört. Oder – wenn er mich gehört hat, hat er sich doch nicht um mich gekümmert. Was nützt es dann, ihn wieder zu plagen oder mich zum besten halten zu lassen."

„Nun hast du aber das Geld, um dir einen Besen zu kaufen", sagte Oliver, „und wenn du die Augen offenhältst, findest du gewiß auch den nötigen Straßenübergang. Nicht wahr, ein solches Geldstück hast du nie vorher bekommen?"

„Nein, niemals", antwortete Tony. „Ein großer, vornehmer Herr mit einem dunklen Gesicht gab es mir, als ich sein Pferd gehalten hatte, und sagte dabei: ‚Gib acht, daß du es gut anwendest, Junge.' Ich würde ihn sofort erkennen, wenn ich ihm irgendwo wieder begegnete."

„Du hättest einen Besen kaufen sollen", wiederholte der Alte noch einmal und sah nachdenklich auf die kleine Hand Dollys, die das Geldstück noch immer fest umklammert hielt.

„Bitte, nehmt es ihr nicht wieder weg!" rief Tony erregt, „ich werde schon irgendwie zu einem Besen kommen. Daß Euer Meister meinen Wunsch auf diese Weise erfüllen könnte, habe ich nicht gedacht. Ich meinte, er würde mir den Besen direkt schicken."

Ehe Tony einschlief, schlich er noch kurz an die Tür zum Wohnzimmer, um zu sehen, was der Alte machte. Oliver saß wie sonst in seinem Lehnstuhl und unterhielt sich mit seinem unsichtbaren Freund. Eben sagte er:

„Ich würde zehnmal mehr als dies für Dich tun, lieber Herr. Du hast gesagt: ‚Was ihr getan habt einem unter diesen meinen geringsten Brüdern, das habt ihr mir getan.' Tony ist einer Deiner Kleinen: Bitte gib ihm einen Straßenübergang, wenn es Dein Wille ist, bitte, lieber Herr, tu es bald."

Tony konnte nicht alles verstehen, aber er schlüpfte doch mit neuen Hoffnungen in seine Ecke zurück und träumte dann von dem Geldstück, von dem Herrn, der es ihm geschenkt hatte, und von Dolly, daß sie ihm einen Besen geschenkt habe, der einen Straßenübergang ganz von selbst kehren konnte. Der alte Oliver saß unterdessen noch lange im Lehnstuhl, denn die gewohnte Schläfrigkeit wollte nicht kommen. Dafür kamen ihm viele Gedanken, die er seinem Herrn vortrug.

Die kleine Dolly war nun fünf Monate bei ihm, und er fühlte, daß sowohl seine Blindheit als auch seine Schwerhörigkeit bedeutend zugenommen hatten. Dollys Kleider bedurften einer gründlichen Reinigung und Ausbesserung. Kaum ein Knopf saß mehr fest, und weder er noch Tony konnten Knöpfe oder Bänder annähen. Seine Schwester Charlotte hatte sich länger als sonst nicht mehr bei ihm blicken lassen, und wie man sich im Alter zu jedem Handeln schwer entschließt, so verschob er von einer Woche zur anderen, ihr zu schreiben und Sannes Abreise und Dollys Anwesenheit mitzuteilen. An diesem langen Abend faßte er aber den festen Entschluß, am nächsten Tag Charlotte einen Brief zu schicken. –

Am nächsten Morgen schien die Sonne, obwohl es Dezember war, warm und hell, so daß Tony vorschlug, mit Dolly ein wenig ins Freie zu gehen. Oliver gab gern seine Einwilligung, um so mehr, als er dadurch Zeit gewann, an Charlotte zu schreiben.

Dolly war nicht so munter wie sonst, sondern schien nachdenklich und einsilbig. Tony meinte schließlich, sie sei müde, und er setzte sich mit ihr auf die Stufen eines Hauseingangs. Nun erzählte er ihr von dem wunderbaren Besen, den er im Traum gesehen, und der ganz von allein gekehrt hatte. Wenn Tony meinte, seine kleine Freundin durch die Erzählung aufzuheitern, so irrte er sich. Dolly wurde nur noch schweigsamer als zuvor und stützte nachdenklich den Kopf in die Hand, während sie die Straße hinabsah.

„Ich möchte einen Besen kaufen", sagte sie endlich, „einen schönen neuen Besen."

Der Junge versuchte die Kleine von diesem Entschluß abzubringen. Er zeigte ihr sogar in einem Schaufenster eine Puppe, die man für das Geldstück kaufen könnte. Aber Dolly blieb fest, und Tony willigte schließlich in ihren Wunsch ein. Seit Großvater gesagt hatte, daß das Geld gewiß für einen Besen bestimmt gewesen sei, hatte es ihn beinahe gereut, seinen Schatz verschenkt zu haben. Und er fürchtete, daß er vielleicht nie wieder Gelegenheit bekommen werde, seinen Lieblingswunsch zu erfüllen. Mit einemmal war Dolly wieder vergnügt und trippelte lustig neben Tony durch mehrere Straßen, bis sie an einen Laden kamen, wo man Besen kaufen konnte. Es dauerte ziemlich lange, bis der Junge seine Wahl getroffen hatte, aber dann zog er stolz mit seinem neuen Besitztum ab.

Eifrig plaudernd gingen sie weiter. Plötzlich sah Tony ein kleines Mädchen, das etwa in Dollys Alter war. Es stand bei einer Dame, die offenbar auf die andere Seite der Straße wollte, aber nicht recht wußte, wie sie die Kleine durch den Schmutz bringen konnte. Am Tag vorher hatte es tüchtig geregnet, daher waren die Straßen ganz matschig.

Die Dame und das Kind waren sehr gut angezogen, und die Kleine schien nagelneue Schühchen anzuhaben, die sie nicht gern schmutzig machen wollte. Kaum hatte Tony begriffen, um was es ging, schritt er unbefangen auf die Dame zu und sagte:

„Wenn Sie auf mein kleines Mädchen achtgeben wollen, will ich Ihre Tochter über die Straße tragen. Ich bin nicht schmutzig wie manche Gassenjungen, und ich weiß, daß man kleine Mädchen sanft anfassen muß."

Einen Augenblick sah die Dame den Jungen prüfend an. Als sie aber gewahr wurde, wie freundlich er die kleinen Mädchen ansah, gab sie gern ihre Einwilligung und nahm Dollys Hand, während Tony ihr Töchterchen über die Straße trug. Als er zurückkam, steckte sie ihm ein Zwanzigpfennigstück zu.

„Danke", sagte Tony, „aber ich habe es nicht des Geldes wegen getan. Ich sehe mich nach einem Straßenübergang um. Wir haben soeben einen Besen gekauft, und nun möchte ich eine Stelle finden, wo es sich lohnt, einen Übergang zu kehren."

„Und warum wählst du nicht gerade diese Stelle hier?" bemerkte die Dame, „ich denke, viele Leute wären froh, wenn sie von hier aus trockenen Fußes auf die andere Seite kämen."

Da guckte Tony ganz verdutzt. Er fand den Vorschlag sehr gut. Gerade hier kreuzten zwei Straßen, und in nächster Nähe war ein Droschkenhalteplatz. Er lieh sich von einem Droschkenkutscher eine Strohmatte, setzte Dolly an einem sonnigen Plätzchen darauf und machte sich dann eifrig ans Werk. Es freute ihn, daß der Besen nicht, wie er geträumt hatte, von selbst kehrte, sondern daß er selbst tüchtig schaffen mußte, bis er einen schönen, sauberen Übergang gemacht hatte. Ein paar Stunden lang hielt er die Stelle sauber, und wenn auch die meisten Leute seine Bemühungen nicht beachteten, hatte er doch von einigen Damen jeweils fünf Pfennige bekommen, so daß er vierzig Pfennige verdient hatte, als es zwölf Uhr schlug. Schade, daß er seine Arbeit einstellen mußte. Aber er wußte, daß der alte Oliver mit dem Mittagessen auf sein Enkelkind wartete und ängstlich wurde, wenn sie gar zu lange ausblieben.

Dolly hatte mit großem Interesse Tonys Arbeit zugeschaut und war nicht wenig stolz auf ihren Freund. Tonys Herz klopfte vor Freude über seinen Verdienst, und insgeheim beschloß er, so viel er konnte von seinem Verdienst zurückzulegen, um Dolly möglichst bald das Geldstück für den Besen zurückerstatten zu können. Vielleicht konnte er ihr ein Püppchen kaufen, das wie eine vornehme Dame angezogen war. —

Während sich der alte Oliver mühsam über sein Pult beugte, um den Brief an seine Schwester zu schreiben, trat diese völlig unerwartet in den Laden. Sie war wie gewöhnlich peinlich sauber gekleidet und hielt eine altmodische Tasche in der Hand, in der sie einige frische Eier und ein paar schöne Äpfel mitbrachte. Oliver empfing sie herzlicher als sonst und führte sie sofort ins Wohnzimmer. Auf den ersten Blick bemerkte Charlotte verschiedene Kindersachen, und ehe Oliver zu Wort kommen konnte, hatte sie ein Röckchen aufgehoben, hielt es in maßlosem Erstaunen hoch und fragt:

„Wie soll ich das verstehen?"

„Das Röckchen gehört meiner kleinen Dolly", antwortete er hastig, „sie ist das Töchterchen meiner Sanne, die mit ihrem Mann nach Indien gegangen ist, weil er Soldat wurde. Sanne hat ihr Töchterchen gerade an dem Tag hergebracht, an dem du das letztemal hier warst."

„Was du nicht sagst!" rief Charlotte und sank vor Erstaunen auf einen Stuhl, ohne jedoch das Röckchen aus der Hand zu legen.

„Ich habe zwei Briefe von Sanne bekommen", fuhr der Alte mit zitternder Stimme fort, „und du sollst beide hören. Du ahnst nicht, wie lieb mir das Kind geworden ist! Jetzt, wo du da bist, um ihre Sachen auszubessern, ist alles gut. Ich war gerade dabei, dir zu schreiben, als du kamst."

„Ich fürchtete schon, du habest ein elternloses Kind von der Straße aufgelesen", meinte Charlotte sichtlich erleichtert.

„Nein, nein, sie ist mein Enkelkind", erklärte der Alte stolz. „Nun höre, was meine Sanne schreibt, dann wirst du verstehen, daß ich mich um keinen Preis von dem Kind trennen möchte."

Er konnte die Briefe fast auswendig, so daß er weder seine Brille aufsetzen mußte, noch ans Licht zu gehen brauchte, um zu lesen. Charlotte hörte ihm verwundert zu.

„Es freut mich von Sanne, daß sie schreibt, Tante Charlotte möge sich um die Kleidung und die Erziehung der Kleinen kümmern", sagte sie, „und ich bin mit Freuden bereit dazu. Wer sollte auch besser imstande sein, sie zu lehren was sich schickt, habe ich doch in den feinsten Familien gearbeitet und stets mit den Haushälterinnen und ersten Dienstboten an einem Tisch gesessen! Ich will mir alle Mühe geben, daß sie sich nichts Ungeziemendes angewöhnt. Wo ist denn das Kind?"

„Sie ist bei dem schönen Wetter spazierengegangen", antwortete Oliver.

„Doch nicht allein?" rief das alte Fräulein entsetzt. „Wer ist mit ihr? Ein Kind unter fünf Jahren sollte in einer Stadt wie London nie allein vor die Tür gelassen werden."

„O, es ist schon jemand bei ihr, zu dem ich volles Vertrauen habe", sagte Oliver beruhigend.

„Was für ein ‚Jemand', eine Frau oder ein Mann?" fragte Charlotte.

„Ein Junge", antwortete der Alte etwas verlegen.

„Ein Junge – was für ein Junge?"

„Er heißt Tony", lautete die ausweichende Antwort.

94

„Aber, ist er auch ein anständiger Junge, wo kommt er her?" fragte Charlotte streng.

„Ich kann es nicht sagen", erklärte er.

„Du kannst es nicht sagen?" wiederholte sie in strafendem Ton. „Weißt du nicht wo er wohnt?"

„Er wohnt hier", stammelte der Alte. „Wenigstens schläft er unter dem Ladentisch. Tagsüber sucht er sich seinen Lebensunterhalt auf der Straße."

Charlottes Entsetzen kannte keine Grenzen. War das möglich, daß ihr Bruder einen fremden Gassenjungen in sein Haus aufnahm, ohne daran zu denken, daß er möglicherweise einem Spitzbuben Obdach gewährte! Und zu gleicher Zeit wohnte Sannes kleines Töchterchen im Hause, das sie, Charlotte, gut erziehen sollte!

Wer weiß, in welch kräftigen Ausdrücken sie ihrer Entrüstung schließlich Luft gemacht hätte, wenn nicht gerade, als sie sich einigermaßen erholt hatte, Tony mit seiner kleinen Schutzbefohlenen auf der Bildfläche erschienen wäre. Unglücklicherweise stellte er sich in keineswegs vorteilhaftem Aufzug vor. Er trug Dolly und dazu seinen neuen, aber schon sehr verschmutzen Besen in den Armen. Sein Haar war struppiger denn je, und seine Füße strotzten vor Dreck.

„Wir haben einen großen, großen Besen gekauft, Großvater!" rief die Kleine voll Entzücken, ohne die fremde Frau zu bemerken. „Und Tony hat einen wunderschönen Straßenübergang gemacht und eine Menge Geld . . ."

Hier hielt sie plötzlich inne, denn ihr Blick war auf die fremde Frau gefallen. Tante Charlotte hatte aber genug gehört. Sie erhob sich würdevoll und war eben im Begriff, sich entrüstet an den Jungen zu wenden, als Oliver ihr rasch ins Wort fiel:

„Er ist ein guter Junge, Charlotte", sagte er, „und er ist mir eine große Stütze. Ich könnte ihn nicht fortschicken, zumal er einer von des Heilands Kleinen ist. Ich kann ihm ja nicht viel helfen, aber was in meinen Kräften steht, muß ich tun. Es ist wahrhaftig nicht der Rede wert, wenn ich ihn nachts unter meinem Ladentisch schlafen lasse und ihm ab und zu ein Stück Brot schenke. Er verdient es reichlich. Darum, Schwester, darfst du dich nicht zwischen ihn und mich stellen."

Oliver hatte so entschieden gesprochen, daß Charlotte nicht eigenmächtig vorzugehen wagte. Sie nahm dem Jungen die Kleine ab und sah ihn dabei so streng an, daß es Tony ganz ungemütlich wurde. Plötzlich aber schwand der harte Ausdruck aus ihren Zügen, und sie fragte sanfter, als man von ihr erwartet hätte:

„Kannst du lesen oder schreiben?"

„Nein", antwortete Tony kleinlaut.

„Du hast weder gute Manieren, noch Schuhe, noch eine Mütze", fuhr sie in vorwurfsvollem Ton fort. „Zerlumpt und unwissend, wie du bist, bist du kein passender Gefährte für dieses kleine Mädchen. Wenn du darum bei meinem Bruder, Herrn Oliver, und bei meiner Großnichte, Fräulein Dorothea Raleigh, bleiben willst, mußt du dir alle die Dinge, die ich eben genannt habe, beschaffen. Vor allem mußt du lesen, schreiben und anständig sprechen lernen. In einem Monat komme ich wieder – ich werde jetzt alle Monate kommen –, und wenn du bis dahin keine Schuhe an den Füßen und keine Mütze auf dem Kopf hast, nehme ich einfach das kleine Mädchen mit mir aufs Land, und du siehst es nie wieder. Hast du mich verstanden?"

Tony sagte „ja" und nickte.

„So, und jetzt kannst du gehen", fuhr die gestrenge alte Frau fort. „Ich will nicht hart gegen dich sein. Aber die Mutter hat das kleine Mädchen in meine Obhut gegeben, und ich bin verantwortlich dafür, daß sie nichts Schlechtes lernt. Nimm jetzt deinen Besen, geh und laß dirs nie mehr einfallen, meine Großnichte zum Straßenkehren mitzunehmen!"

Tony ging traurig fort. Nach der großen Freude, die er heute erlebt hatte, war diese Strafpredigt doppelt schmerzlich. Sichtlich bekümmert ging er an den Straßenübergang zurück. Aber es fehlte ihm die Freude zu seiner Arbeit.

Früher als sonst wurde es Nacht, da sich im Laufe des Nachmittags ein dichter Nebel über die Stadt gelagert hatte. Tony kauerte sich in das geschützte Winkelchen, in dem Dolly vormittags im Sonnenschein gesessen und ihn beobachtet hatte. Nun war mit einem Schlag alles anders geworden. Dolly war ihm für immer verloren, denn nie und nimmermehr hätte er den Mut gehabt, Olivers Haus wieder zu betreten und dieser schrecklichen alten Frau zu begegnen. Es blieb ihm nichts anderes übrig, als ganz zu seiner früheren Lebensweise zurückzukehren. Aber der bloße Gedanke daran ließ ihn schaudern! Seine Augen füllten sich mit Tränen, als er an sein gegen den Wind geschütztes Nachtlager unter dem Ladentisch dachte. Heute allerdings mußte er nicht auf der Straße schlafen, denn er hatte sich genug verdient, um eine Nachtherberge bezahlen zu können.

Gegen neun Uhr ging er langsam nach einer jener Kellerherbergen in Westminster, wo jeder, der zwanzig Pfennig bezahlen konnte, die Nacht zubringen durfte. Lange trieb er sich vor dem Lokal herum, vor dem es ihm graute. Es war schon so lange her, daß er eine solche Stätte hatte aufsuchen müssen, und er kam sich unter seinen früheren Genossen ganz fremd vor. Überdies erinnerte er sich, wie man ihn gepufft, geschlagen und vom Feuer weggetrieben hatte, und eine solche Behandlung war er jetzt nicht mehr gewöhnt. Wehmütig gedachte er des friedlichen Heimes, wo Dolly allabendlich mit ihrem Großvater zusammensaß. Und er stellte sich vor, daß er sie nie wieder sehen werde und auch nie mehr hörte, wenn Oliver seine Zwiegespräche mit seinem seltsamen Freund hielt. Ach, und niemand konnte ihm dann mehr etwas von dem unsichtbaren Jesus, der auch sein Freund und Meister werden sollte, erzählen. Tony konnte sich nicht vorstellen, daß der Herr Jesus an einen so verrufenen Ort wie diese Herberge käme, die fortan wieder sein einziges Heim war. Gerade jetzt, wo der Herr ihm den Besen und den Straßenübergang geschenkt hatte, sollte Tony wieder in diese Herberge zurück? Er nahm sich vor, auf der Hut zu sein, daß er wenigstens nicht ins Gefängnis kam. Und wenn ihm dies nicht gelang, nun, dann wollte er sich eben aufs Stehlen verlegen. In dieser Kunst könnte er es schließlich zu der selben Fertigkeit bringen wie der kluge Tom, der sogar einmal einem Polizeidiener die Uhr gestohlen hatte.

Tom war der erste, der Tony willkommen hieß, als dieser sich endlich in den Keller schlich. Aber Tony war nicht in der Stimmung, sich näher mit seinen ehemaligen Kameraden einzulassen. Er schlüpfte in die dunkelste Ecke und legte sich auf die dünne Lage Stroh, die den feuchten, schmutzigen Boden bedeckte. Aber schlafen konnte er nicht. Die Jungen stritten, und die Männer, die schlafen wollten, fluchten und schimpften über den Lärm. Schließlich kam es unter den Jungen zu einer regelrechten Balgerei, die so hitzig wurde, daß auch die Männer ihr Interesse durch ermutigende Zurufe kundgaben. Lange nach Mitternacht erst trat Stille ein, und Tony fiel in einen leichten Schlaf. Er träumte von Dolly und dem alten Oliver.

Früh am Morgen, ehe seine Gefährten aufwachten, verließ er den ungemütlichen Keller.

Tag auf Tag verging, und Tony gewöhnte sich allmählich wieder an das Fluchen und Raufen seiner Kameraden. Er fing sogar an, Gefallen an den Erzählungen des klugen Tom zu finden, und horchte aufmerksam zu, wenn dieser meinte, Tony eigne sich vorzüglich zu seinem Spießgesellen, sein unschuldiges Kindergesicht würde Richter und Geschworene mild stimmen und ihm im Gefängnis die Gunst der Wärter sichern.

Zunächst aber blieb Tony Straßenkehrer und verdiente sich dabei genug, um seinen Hunger zu stillen und eine Nachtherberge bezahlen zu können. Aber er gab sich nicht mehr damit zufrieden. Wenn er nicht brav sein und denselben Weg wie Dolly und der alte Oliver gehen konnte, – war es da nicht besser, sich so durchzuschlagen wie Tom, der gut lebte, sich gut kleidete und bei den anderen Jungen in nicht geringem Ansehen stand?

Etwa eine Woche nachdem Tony das Haus des alten Oliver verlassen hatte, wollte er soeben seine Arbeit einstellen und Feierabend machen, als ihn plötzlich ein Herr anhielt und ihm forschend in die Augen sah.

„Hallo", rief er, „wenn ich nicht irre, bist du der Junge, der vor einer Woche mein Pferd gehalten hat und dem ich dafür ein Fünfzigpfennigstück gegeben habe. Ich sagte dir damals, du solltest es gut anlegen. Was hast du nun damit gemacht?"

„Dolly und ich haben einen Besen gekauft", antwortete Tony, „und seitdem habe ich hier diesen Straßenübergang sauber-gehalten."

„Recht so, mein Junge", lobte der Fremde freundlich. „Wer ist aber Dolly?"

„Ein kleines Mädchen, das ich sehr lieb gehabt habe", antwor-tete der Junge mit einem tiefen Seufzer.

„Nun gebe ich dir noch ein Fünfzigpfennigstück, und zwar ein ganz neues", sagte der wohlwollende Herr. „Sieh, wie blank es ist! Kein Mensch hat bis jetzt etwas damit gekauft. Ich denke mir, daß Dolly sich freuen wird, wenn du es ihr zeigst."

Tony hielt seinen Schatz in der Hand und betrachtete ihn noch immer beim Schein einer Gaslaterne, als der Herr schon längst um die nächste Straßenecke gebogen war. Er wußte, wie Dol-lys Augen leuchten würden, wenn sie das schöne blanke Geld-stück zu Gesicht bekäme. „Und eigentlich", sagte er sich, „ge-hört es von rechtswegen ihr. Sie hat mir für das vorige Geld-stück zwanzig Küsse gegeben und es mir dann wieder gelie-hen, um den Besen zu kaufen." Er sehnte sich, danach, wieder einmal ihre Ärmchen um seinen Hals geschlungen zu fühlen und ihr drolliges Geplauder zu hören. Und es schien ihm auch gewagt, mit einem solchen Schatz seine Nachtherberge auf-zusuchen. Der schlaue Tom fand gewiß heraus, daß es der Mühe wert war, Tonys Taschen zu durchsuchen, und dann war es um sein blankes Geldstück geschehen. Aber was sollte er machen? Wohin sollte er gehen?

Ohne recht zu wissen, wohin ihn seine Füße trugen, schlender-te Tony durch die Straßen, bis er in die Nähe von Olivers Haus gelangte. Er nahm sich vor, wenigstens an dem Haus stehenzubleiben, und, falls die Ladentür offenstand, das in einen alten Fetzen eingehüllte Geldstück in den Laden zu werfen. Oliver werde dann schon erraten, woher es kam, meinte er.

In der abgelegenen Straße war es recht dunkel. Es brannte nur eine einzige Gaslaterne, und Tony war darauf bedacht, sich möglichst im Schatten zu halten. Er wußte, daß Dolly um diese Zeit schlafen ging und der alte Oliver bei ihr in der Wohnstube war. Da plötzlich – gerade als Tony an der Laterne vorbei wollte, zuckte er zusammen – er hörte die ihm so wohlbekannte helle Stimme, und gleich darauf packte ihn Dolly am Arm und zog ihn ins Haus.

„Tony ist heimgekommen, Tony ist da, Großvater!" rief sie aus Leibeskräften, „Dolly hat endlich den Tony gefunden!"

Dollys Stimmchen zitterte vor Erregung, und dann brach sie in Schluchzen aus. Aber den widerstrebenden Tony ließ sie nicht los, damit er ja nicht wieder davonlaufen konnte. Der alte Oliver kam so schnell er konnte herbei und legte liebevoll die Hand auf Tonys Schulter.

„Warum hast du dich so lange nicht bei uns blicken lassen, Tony?" fragte er.

„O, Herr, ich bin undankbar", rief Tony mit tränenerstickter Stimme. „Bitte, verzeiht mir, ich will es gewiß nicht mehr tun. Aber Ihr werdet mich nun wohl nie mehr unter eurem Ladentisch schlafen lassen!"

„Komm jetzt nur herein", antwortete Oliver und schob ihn sanft ins Haus. „Wir haben jeden Abend auf dich gewartet und nach dir ausgeschaut, Dolly und ich. So etwas hättest du uns nicht antun dürfen. Aber wir sind zu froh, dich wieder zu haben, als daß wir dir jetzt böse sein könnten. Meine Schwester ist manchmal scharf mit ihren Worten und hat eine ungeheuere Abneigung gegen alles, was sie schlechte Manieren nennt. Aber im Grunde ist sie keine böse Frau. Als sie hörte, daß du weder Vater noch Mutter hast und sich bisher kein Mensch um dich gekümmert hat, so daß du ganz auf dich selbst angewiesen warst, hat sie geweint. Sie bestimmte, daß wir das größte Ei für dich zum Abendessen aufheben sollten und läßt dich grüßen. Wir haben dir das Ei aufgehoben, und du sollst es noch heute abend essen. Reich mir ein Töpfchen, Dolly, ich will es gleich kochen."

„Aber ich bin so schmutzig", sagte Tony kleinlaut.

Er hatte sich in der letzten Woche so vernachlässigt, daß er fast ebenso verkommen aussah wie am ersten Abend.

„Dem kann abgeholfen werden", versetzte der Alte. „Nimm eine Schüssel Wasser und wasch dich im Laden, Dolly bringt dir ein Stückchen Seife und ein Handtuch. Sie wird nach und nach Großvaters Stütze, nicht wahr, Herzchen?"

Als Tony einige Minuten später in der Küche erschien, sah er ganz verändert aus. Mit dem Schmutz war auch der unzufriedene Ausdruck in seinem Gesicht verschwunden, und es kam ihm vor, als sei er soeben aus einem bösen Traum erwacht. Nun war er wieder voll und ganz im Kreise seiner Lieben aufgenommen. Das Ei war ja ein Beweis, daß alles vergeben und vergessen war, und Beppo wedelte mit dem Schwanz, um seine Freude zu bekunden.

Zu Tonys Erstaunen stellte sich heraus, daß die schreckliche alte Frau ihm gar nicht so feindlich gesonnen war. Er erinnerte sich, was sie alles von ihm verlangt hatte, und nahm sich vor, sich, sehr anzustrengen. Er wollte lesen und schreiben lernen und fleißig sparen, bis er sich ordentliche Kleider anschaffen konnte, damit sich niemand mehr seiner zu schämen brauchte. Vor allen Dingen mußte er Schuhe haben, denn darauf hatte die gestrenge Frau besonderes Gewicht gelegt. Jedenfalls wollte er nie mehr vom Haus weglaufen, nachdem er gesehen hatte, welchen Kummer er Oliver und Dolly damit bereitete.

Oliver erzählte ihm, wie Dolly ihn vermißt und stundenlang an der Tür gestanden hatte und in den ersten Tagen kaum zu Bett zu bringen gewesen war. Aber mit noch viel größerem Verlangen warte nun der Herr Jesus Christus auf Tony.

Verstand dieser auch nicht ganz, was der alte Oliver damit meinte, so ging er doch diesen Abend mit dem Bewußtsein zur Ruhe, daß er weit mehr geliebt wurde, als er verstehen konnte. Ein tiefer Friede bemächtigte sich seiner, und es war ihm zumute, als sei er endlich nach einem entsetzlichen Sturm im sicheren Hafen gelandet.

Mehrere Wochen vergingen, ehe Tony genug Geld zusammengespart hatte, um ein Paar Schuhe zu kaufen, obwohl er sich mit wirklich bewundernswerter Ausdauer nur die allernotwendigste Nahrung gegönnt hatte. Nicht, daß sein Sinn nach neuen Schuhen stand – o nein, er wollte sich gern mit alten, geflickten Schuhen für den Anfang begnügen, und er kannte einen Trödler, bei dem er für zwei oder drei Mark haben konnte, was er wünschte. Nur lag ihm daran, die Schuhe zu haben, ehe Tante Charlotte ihren versprochenen Besuch machte: Sie hatte wissen lassen, daß sie am letzten Samstag des Monats

Januar eintreffen wolle, und an diesem Tag schickte sich Tony an, seinen wichtigen Einkauf zu machen.

In Whitechapel, wo der Trödler wohnte, war ein Platz mit Buden, in denen das wunderlichste Zeug feilgeboten wurde. Hier handelte einer mit altem Eisen, dort bot eine zerlumpte Frau mit triefenden Augen alte Kleider zum Verkauf an. Und waren die Verkäufer schon wenig anziehend, so machten die Käufer einen fast noch traurigeren Eindruck. Abgezehrte Mütter zogen trotz des eisigen Ostwindes kaum bekleidete Kinder hinter sich her und versuchten, die an sich schon niedrigen Preise noch mehr zu drücken.

Der Kaufmann, an den Tony sich wandte, hatte eine ziemliche Auswahl von Schuhen – solche mit schönem, feinem Oberleder, aber mit wertlosen Sohlen, geflickte und geleimte. Zum ersten Mal in seinem Leben machte Tony die Erfahrung, daß Wahl Qual bringt. Kein einziges Paar paßte ihm, aber das verlangte Tony auch nicht. Ihm lag vor allen Dingen daran, daß er vor den Augen der gestrengen Tante Gnade fand und sie ihre Drohung, Dolly mit aufs Land zu nehmen, nicht ausführte. Auf eindringliches Zureden des Verkäufers entschloß er sich endlich zu einem Paar, das viel zu groß für ihn war, und in dem seine Füße herumsegelten wie in einem Schiff. Der Händler behauptete, daß jedermann, selbst vornehme Leute, sich Schuhe aussuchten, die aufs Wachsen berechnet seien. Mühselig und langsam, aber doch sehr stolz über seinen neuen Besitz, zog Tony ab. Er hatte bis zu Olivers Wohnung einen weiten Weg zu machen, aber er brauchte nicht zu eilen, da er erst nach dem Essen eintreffen wollte. Hin und wieder blieb er stehen, um sich auszuruhen und die Auslagen in den glänzend erleuchteten Schaufenstern zu betrachten. Oder er sah den Lampenanzündern bei ihrer Arbeit zu. Als es endlich 6 Uhr schlug und er sicher sein konnte, daß der Teetisch bei seinen

Freunden abgeräumt war, beschleunigte er, soweit dies die ungewohnte Fußbekleidung zuließ, seine Schritte.

Plötzlich aber rutschte er auf einer Orangenschale aus und fiel so unglücklich auf den Randstein, daß er für einen Augenblick die Besinnung verlor. Als er sich ein wenig erholt hatte, wollte er aufstehen und weitergehen, – aber kaum hatte er den Fuß aufs Pflaster gesetzt, so entfuhr ihm ein Schmerzensschrei. Er fiel zurück und konnte sich zu keinem weiteren Versuch entschließen. Aber was tun? Liegenbleiben konnte und wollte er nicht. Er zog seine Schuhe aus und richtete sich abermals auf – und wieder schaffte er es nicht. Heim mußte er auf jeden Fall, denn er wollte nicht in den Verdacht kommen, er sei aus Furcht vor der gestrengen Tante wieder fortgelaufen. Ging es nicht auf den Füßen, so mußten die Hände zu Hilfe genommen werden. Aber auch auf diese Weise kam er nicht vorwärts. Weit und breit war in der stillen Seitenstraße niemand zu sehen. Nachdem die Sonne untergegangen war, wurde es bitter kalt, und wenn er die Nacht im Freien zubringen mußte, würde er bestimmt erfrieren.

Tony war sich seiner schlimmen Lage bewußt. Aber er erinnerte sich, daß der alte Oliver gesagt hatte, der Herr Jesus sei immer bei denen, die er liebe, und Tony folgerte ganz richtig, daß, wenn der Herr Jesus ihn wirklich liebte, er auch in der kalten, einsamen Straße bei ihm sei. O, wenn er nur Jesu Hand fühlen, seine sanfte Stimme hören und einen Schimmer seines Gesichts sehen könnte!

Tony konnte nicht mehr weiter. Schließlich kauerte er sich in dem Schutz einer Tür des Warenhauses nieder, faltete schluchzend die Hände und flüsterte:

„O lieber Herr Jesus Christus!"

Ein paar Minuten lag er vor Schmerz leise wimmernd da, als er rasche Schritte hörte, die plötzlich vor ihm anhielten. Jemand berührte seinen Arm, und eine Stimme, die ihm bekannt vorkam, rief:

„Ich glaube gar, da sitzt mein kleiner Straßenkehrerfreund! Was bringt dich bei dieser Kälte hierher?"

„Ich bin gefallen und habe mir wehgetan", antwortete Tony mit schwacher Stimme.

„Wo?" forschte der Fremde.

„Am Bein."

Der Herr beugte sich über den Jungen und strich über das kranke Bein, bis er an die verletzte Stelle kam.

„Das Bein ist gebrochen", sagte er leise. „Wo bist du zu Hause, mein Junge?"

„Ich habe kein Daheim", antwortete der Kleine kaum hörbar, ein eigentümliches Schwächegefühl überkam ihn, und seine Zunge wurde so schwer, daß er fast nicht sprechen konnte.

Der Herr nahm seinen Mantel ab und deckte Tony behutsam damit zu. Dann lief er nach dem nächsten Droschkenhalteplatz und kam bald mit einem Wagen zurück.

Tony hatte starke Schmerzen. Aber er war jetzt voll bei Bewußtsein. Er merkte, daß er eine Zeitlang in einem Wagen fuhr. Plötzlich hielt der Wagen an. Tony wurde hinausgehoben und in ein großes Haus getragen. Dann hörte er seinen neuen Freund sagen:

„Ich weiß wohl, daß Ihr keine Verunglückten aufnehmt. Aber was sollte ich mit dem Kind anfangen? Alles, was ich aus ihm herausbringen konnte, war, daß er kein Heim hat. Ihr werdet gewiß ein Bett für ihn freihaben. Bitte nehmt ihn auf. Ich bin bereit, für die entstehenden Unkosten aufzukommen. Nicht wahr, Herr Doktor, Sie schlagen mir meine Bitte nicht ab?"

„Nein, ich bringe es auch nicht übers Herz, den armen Kerl fortzuschicken", antwortete der Arzt freundlich. „Wir müssen ihn so schnell wie möglich zu Bett bringen."

Hierauf wurde Tony vorsichtig in einen großen luftigen Saal des oberen Stockwerkes getragen und auf eines der sauberen Betten gelegt, nachdem man ihm zuvor seine zerlumpten Kleider ausgezogen hatte. Seine Schuhe waren leider irgendwo auf der Straße stehengeblieben.

Die Krankenschwester ging äußerst schonend mit ihm um, und wohin er sah, begegneten ihm freundliche, teilnehmende Gesichter. Auch Herr Roß, sein Wohltäter, war ihm gefolgt und sagte nun in seiner gewinnenden Weise:

„Du hast dein Bein gebrochen, mein Junge. Aber der Herr Doktor hier, der ein guter Bekannter von mir ist, will es wieder heilen. Ein paar Augenblicke muß er dir leider dabei sehr weh tun. Aber – du bist doch tapfer, oder?"

„Ja", flüsterte Tony. „Aber darf ich danach auch gleich wieder fortgehen?"

„Dazu bist du nicht imstande", erwiderte Herr Roß lächelnd.

„Es werden wohl ein paar Wochen vergehen, ehe du wieder ganz gesund bist. Doch ich bin überzeugt, daß es dir hier sehr gut gefallen wird."

„Aber ich kann nicht hierbleiben", rief Tony, indem er sich aufzurichten versuchte, jedoch sofort wieder zurücksank. „Was würden Dolly und Herr Oliver dazu sagen? Sie werden ohnedies schon jetzt denken, daß ich wieder davongelaufen bin, während ich mir doch alle Mühe gab, ihr Haus zu erreichen. Nein, ich darf Dolly nicht warten lassen."

Der Junge war so bekümmert, daß Herr Roß seine Hand beruhigend auf ihn legte und sagte:

„Wenn du mir die Adresse sagst, will ich noch heute abend zu deinen Freunden gehen und ihnen mitteilen, was vorgefallen ist. Und wenn es dir morgen besser geht, dürfen sie dich besuchen." Daraufhin beruhigte sich Tony und unterzog sich widerstandslos der schmerzhaften Behandlung des Arztes.

Am nächsten Nachmittag begab sich der alte Oliver mit Dolly ins Kinderspital und fragten nach Tony. Das ungleiche Paar machte einen so rührenden Eindruck, daß jedermann ihnen ganz unwillkürlich besonders herzlich entgegenkam. Als sie mühsam die Treppen hinaufstiegen, begegnete ihnen eine der Wärterinnen und erbot sich, sie zu führen. Das Zimmer, in dem Tony mit mehreren Kindern zusammen lag, war hell, und durch die vielen Fenster schien die milde Wintersonne freundlich herein. Alle Bettchen hatten weiße Decken, und die meisten der kleinen Patienten machten einen recht zufriedenen Eindruck. Oliver und Dolly jedoch hatten für nichts anderes Sinn und Augen als nur für ihren Tony. Sie eilten auf das Bett zu, in dem er mit geschlossenen Augen und schmerzverzogenen Zügen lag. Kaum hatte Dolly ihn berührt, so schlug er die

Augen auf, und im Nu veränderte sich sein Gesichtsausdruck. Er strahlte und sagte mit bewegter Stimme:

„Diesmal habt ihr euch nicht um mich sorgen brauchen."

„Aber ich kann erst wieder vergnügt sein, wenn du wieder ganz gesund bist", gab Dolly zur Antwort, indem sie ihren kleinen Freund zärtlich streichelte.

„O nein", sagte der alte Oliver. „Du mußt im Gegenteil sehr lieb sein und dem Großvater im Laden helfen, so lange Tony krank ist."

Die Aussicht auf dieses neue Amt befriedigte Dolly, so daß sie sich still auf Großvaters Knie setzte. Tony sollte zwar noch nicht viel sprechen. Aber er war schon dankbar, daß seine Freunde ihn überhaupt besuchen durften.

Als sie schließlich gehen mußten, führte die Wärterin Oliver und Dolly ins Krankenzimmer der Mädchen, das noch freundlicher als das der Jungen eingerichtet war. Der Alte ging an jedem Bettchen vorbei und nickte den kleinen Kranken freundlich und teilnehmend zu. Einige erwiderten lächelnd den Gruß oder begrüßten Dolly, zeigten ihr ihre Puppen oder ließen ihre Spieldosen für sie spielen. Andere schliefen fest. Über allen Betten hingen schöne Bilder oder Spruchkarten. Oliver war sehr gerührt, als er dies alles sah.

„Was wohl der Heiland gesagt hätte", fragte er sich, „wenn es schon zu Seiner Zeit einen solchen Ort gegeben hätte! Gewiß wäre Er oft dort gewesen. Aber ich weiß, daß Er auch jetzt während der Nacht von einem Bett zum andern geht und jedes Kind segnet, mag es fest schlafen oder wegen großer Schmerzen wach sein. O Herr, segne diese kleinen Kinder und auch die Menschen, die für dieses Haus sorgen. Herr, segne sie alle!"

Der Alte verließ nur ungern das Spital, aber die Besuchszeit war abgelaufen und die Wärterin hatte anderweitig zu tun. Langsam machten sich der alte Mann und das Kind auf den Heimweg und sprachen den ganzen Abend von nichts anderem als von dem schönen Kinderspital, wo Tony so gut aufgehoben war. –

Oliver und Dolly besuchten Tony jeden Sonntagnachmittag und fühlten sich im Kinderspital bald fast ebenso heimisch wie in ihrer eigenen dunklen Stube. Tony erholte sich gut. Aber es vergingen noch mehrere Wochen, ehe der Doktor ihn für gesund genug erklärte, um, wie er sagte, den Kampf des Lebens wieder aufzunehmen. Als er kräftiger war, durfte er eine Menge Dinge lernen, die ihm für sein ganzes Leben nützlich sein konnten.

Am Tag bevor Tony das Spital verlassen sollte, besuchte ihn Herr Roß zum letztenmal. Er fand ihn in dem Saal, wo die nahezu gesunden kleinen Patienten fröhlich miteinander spielten. Tony aber saß in einer Ecke und sah ihnen nur von weitem zu. Er hatte nie spielen gelernt wie andere Kinder.

„Anton", sagte Herr Roß – er war der einzige, der Tony nie anders als „Anton" anredete – „was hast du vor, wenn du morgen das Spital verläßt?"

„Ich werde wohl wieder meinen Straßenübergang kehren müssen", antwortete Tony sichtlich bekümmert.

„Ich weiß etwas Besseres für dich", entgegnete sein Freund. „Meine Schwester lebt auf dem Land nicht weit von hier und

110

braucht einen fixen Jungen, der dem Gärtner hilft und Botengänge macht. Sie hat mir versprochen, dir Obdach und Kleidung zu geben und dich zwei Jahre lang in die Schule zu schikken. Später sollst du dann festen Lohn bekommen."

Tony hörte aufgeregt zu. Seine Augen leuchteten. Etwas Besseres konnte er sich ja nicht wünschen! Aber die Frage war: Was sollte dann aus dem alten Oliver und der kleinen Dolly werden? Einen Augenblick überlegte er, dann sagte er:

„Für mich wäre es wohl schön, und ich würde mir im Garten alle Mühe geben. Aber ich kann nicht den alten Oliver und sein kleines Mädchen im Stich lassen. Dolly würde vor Kummer krank werden, und der alte Mann, der so vergeßlich ist, wäre ganz ohne Hilfe. Denken Sie nur, einen Tag hängen sie ihm lauter ‚Londoner Neueste‘, ein anderes Mal lauter ‚Standards‘ auf, wenn sie gerade mehr davon haben als sie brauchen. Natürlich bleiben die Zeitungen dem Alten liegen, weil die Leute jeweils nur ein Exemplar wollen – warum, weiß ich selbst nicht. Wenn ich die Zeitungen hole, kommt so etwas nicht vor. Ich sehe ihnen genau auf die Finger, und sie hüten sich, mir von einer Zeitung mehr zu geben als ich verlangt habe. Und wie es mit den Zeitungen geht, so geht es mit allem. Oft vergißt Dollys Großvater morgens ganz, seinen Laden zu öffnen, und manchmal öffnet er ihn um vier oder fünf Uhr, wenn er gerade aufwacht. Nein, nein, es geht nicht, ich muß schon hier bleiben, um den beiden ein bißchen zu helfen; aber ich danke Ihnen doch sehr, Herr Roß."

Tony hatte seine Bedenken so ernsthaft dargelegt, daß es Herrn Roß tief zu Herzen ging. Aber ehe er seinen Plan wegen des Jungen ganz fallen ließ, fragte er:

„Warum hängst du so an dem alten Mann, Anton? Ist es ein Verwandter von dir?"

„Nein, nein", antwortete Tony eifrig. „Ich habe keine Verwandten. Er hat mich aus Liebe in sein Haus aufgenommen und läßt mich unter seinem Ladentisch schlafen, damit ich die Nächte nicht auf der Straße zubringen muß. Ich liebe ihn und die kleine Dolly und will bei ihnen bleiben, so lange ich lebe, und wenn ich Straßenkehrer bleiben muß, bis ich so alt bin wie der alte Oliver selbst. Überdies habe ich ihn oft für mich bei seinem Meister ein gutes Wort einlegen hören, und das würde kaum jemand anderes tun."

„Bei welchem Meister?" forschte Herr Roß.

„Bei diesem", antwortete Tony und deutete auf ein Bild an der Wand, das den Heiland darstellte, wie er die Kinder segnete. „Herr Oliver spricht mit ihm, als ob er ihn sehen könnte, und sagt ihm alles. Nein, es ist gewiß besser für mich, wenn ich bei Großvater und Dolly bleibe, statt sie zu verlassen, um Kleider und die Schule umsonst zu haben."

„Du hast wohl recht", sagte Herr Roß, sichtlich bewegt. „Es bleibt dir nichts anderes übrig, als deine alte Arbeit wieder aufzunehmen, bis ich etwas Besseres für dich gefunden habe. Ich freue mich, wie ordentlich du jetzt aussiehst, Junge, nicht wahr, so ein feiner Anzug gefällt dir auch besser als die Lumpen, in denen du gekommen bist?"

„Ich habe ihn geliehen bekommen für meinen Aufenthalt hier", antwortete Tony, indem er wehmütig auf den dunkelblauen Matrosenanzug sah, der ihm so gut stand. Irgend jemand hatte ihn dem Kinderspital gestiftet, und er paßte Tony wie angegossen. Überhaupt hatte sich der Junge in den letzten Wochen sehr zu seinem Vorteil verändert. Selbstverständlich hing ihm auch sein Haar nicht mehr wie eine wilde Mähne um den Kopf, sondern es war geschnitten und ordentlich gekämmt.

„Wenn mich nur Oliver, Dolly und Tante Charlotte in diesen Kleidern hätten sehen können", sagte Tony traurig.

„Du darfst sie mitnehmen", bemerkte Herr Roß, und die Wärterin, die emsig nähend am Fenster saß, bestätigte diese Aussage. Wie war da Tony glücklich! Unzählige Male bertrachtete er sich wohlgefällig und verrenkte sich fast den Hals, um zu wissen, wie er wohl von hinten aussah. Nun konnte sogar die gestrenge Tante Charlotte nichts mehr dagegen haben, wenn Dolly mit ihm spazierenging. Auch über den Verlust seiner Schuhe brauchte er sich jetzt nicht mehr zu grämen.

Die Wärterin sagte ihm noch, daß sie seine alten Kleider gründlich geflickt habe und im Begriff sei, eine Mütze für ihn zu nähen, denn zum Straßenkehren sei der neue Anzug ja viel zu gut. Kein Wunder, daß Tony sich reicher fühlte als jemals zuvor!

Am nächsten Tag gab es eine frohe Heimkehr. Dolly war zwar anfangs ein wenig verlegen – Tony sah in seinem neuen Anzug so ganz anders aus als früher –, bald aber schmiegte sie sich wie sonst vertrauensvoll an ihn und bewunderte besonders die schönen Ankerknöpfe an seiner Bluse.

Tante Charlotte hatte für ihn eine Matratze gestiftet, und deshalb gefiel es ihm unter dem Ladentisch fast noch besser als in seinem Bett im Spital. Überall gefiel es ihm, nur nicht beim Straßenkehren, und er konnte gut verstehen, warum er so gar keine Lust mehr zu dieser Arbeit hatte. Seine alten Kleider waren ihm entsetzlich zuwider, und er schämte sich, wenn er merkte, daß ihn ein Vorübergehender genauer ansah. Er verdiente auch nicht so viel wie vor seinem Unfall; die Straßen waren bei dem trockenen Wetter nicht schmutzig, und die Leute fanden es überflüssig, ihm für seine unnötige Arbeit ein Trinkgeld zu geben. Das Schlimmste aber war, daß der kluge Tom ihn ausfindig gemacht hatte und ihn nun oft aufsuchte. Manchmal verhöhnte er ihn, weil er sich mit einer so „gewöhnlichen Arbeit" zufrieden gab. Und auch über die guten Kleidungsstücke spottete er. Tony war dann sehr mutlos. Durch die schöne Zeit im Kinderspital war er ein wenig verwöhnt.

Gottlob war sein Kummer vergessen, sobald er abends heimkam. Der alte Oliver lehrte ihn lesen und schreiben, wobei Tony viel schnellere Fortschritte machte als Dolly, die gleichzeitig mit ihm begonnen hatte, das Lernen aber als Spiel betrachtete, das sie schnell langweilte. Leider war niemand da, der ihr fest entgegentrat oder ihr begreiflich machte, daß fleißiges Lernen notwendig war. Denn weder der alte Oliver noch Tony fanden je an ihrem Liebling irgend etwas zu tadeln. Ab und zu trafen Briefe von der fernen Mutter ein mit vielen zärtlichen Grüßen und liebevollen Ermahnungen an das Töchterchen. Aber nie erwähnte sie, wann sie nach England zurückkehren werde. Einmal schrieb sie, daß Dolly ein Schwesterchen bekommen habe, das ihr sehr ähnlich sei, aber das wollten Oliver und Tony nicht so recht glauben. Wer konnte schon so sein wie ihre liebe kleine Dolly!

Wieder war es Sommer geworden. Die drückende Hitze war besonders in den engen Gassen des Londoner Armenviertels unerträglich, und die Kranken und Alten litten unsagbar unter der schlechten Luft. Auch der alte Oliver fühlte sich viel schwächer als sonst, wenn er auch nichts darüber sagte. Sein Gedächtnis hatte so nachgelassen, daß er nicht mehr wußte, ob es Montag oder Mittwoch, ob es März oder Juli war. Aber mochte er auch die Gegenwart vergessen, für die Vergangenheit hatte er doch noch ein ausgezeichnetes Gedächtnis. Er konnte die längsten Geschichten aus seiner Kindheit erzählen und seine Heimat in so lebhaften Farben schildern, daß Tony sich nichts sehnlicher wünschte, als selbst einmal aufs Land zu dürfen und mit eigenen Augen die Kornfelder, Wiesen und Hecken zu sehen, die er bisher nur aus den Beschreibungen seines alten Freundes kannte. Auch in seiner Bibel wußte der alte Oliver noch Bescheid. Er kannte die Evangelien beinahe wörtlich auswendig und wurde nicht müde, sie dem Jungen vorzusagen.

Bei dem schönen, trockenen Wetter ging natürlich Tonys Straßenkehrergeschäft gar nicht gut. Aber er sah sich umsonst nach einer anderen Beschäftigung um. Da kam ihm wieder sein einflußreicher Freund, Herr Roß, zur rechten Zeit zu Hilfe, indem er ihm die Stelle eines Laufjungen in einem großen Laden verschaffte.

Nun waren die Zeiten, wo er barfuß und barhäuptig in Lumpen auf den Straßen herumlungerte, für immer vorbei, und er konnte den verführerischen Prahlreden des „klugen Tom" mutig die Stirn bieten. Dank der Unterweisung Olivers hatte er es auch im Lesen und Schreiben so weit gebracht, daß er ohne Mühe die Adressen auf den Paketen, die er abzuliefern hatte, entziffern konnte, wenn man sie ihm einmal vorgelesen hatte. Nun ärgerte er sich nicht mehr, wenn die Sonne schien und die Straßen sauber waren, sondern er freute sich im Gegenteil des schönen Wetters, weil er sich nun unbeanstandet unter den wohlgekleideten Fußgängern bewegen konnte. –

So hatte Tony sich verändert. Dolly veränderte sich auch – aber bei ihr war es keine erfreuliche Wandlung. Der alte Großvater versäumte nie, seinen Liebling am Ersten jeden Monats, wenn die Monatsschriften einliefen, an den Türpfosten zu stellen und mit einem dicken Bleistiftstrich zu markieren, wieviel die Kleine in vier Wochen gewachsen war. Er staunte über ihr rasches Wachstum, aber seinen trüben Augen blieb es verborgen, wie bleich und mager die Bäckchen, wie matt die blauen Augen wurden.

Im Haus war es zu dunkel, als daß man das veränderte Aussehen der Kleinen schnell hätte bemerken können. Es verirrte sich ja nie ein heller Sonnenstrahl in Olivers Wohnung. Dolly war wie ein Pflänzchen, das im Schatten zwar hoch aufschießt, aber nur unentwickelte Blätter und kümmerliche Knöspchen hervorbringt. Ganz allmählich verlor sie ihr munteres Wesen und ihre kleinen gewinnenden Eigenheiten, wie ein Kind, das auf dem Heimweg von der Wiese nach und nach alle Blumen fallen läßt. Der Großvater, der sein Enkelkind so innig liebte, war zu alt, um zu bemerken, wie die Kleine von Tag zu Tag stiller wurde. Er beachtete es auch nicht, daß sie nun, ganz gegen ihre sonstige Gewohnheit, stundenlang fast regungslos auf einem Bänkchen saß.

Tony hingegen war zu jung und unerfahren, um sich des Kindes wegen Sorgen zu machen. Er sah seine kleine Freundin ja auch tagsüber fast nie, und wenn er abends aus dem Geschäft heimkehrte und voll Eifer all seine Erlebnisse erzählte, da war auch Dolly lebhafter, ihr Gesichtchen war fieberhaft gerötet und ihre Augen leuchteten. Tonys Anwesenheit schien ihr neues, frisches Leben einzuflößen. Sie klagte auch nie über Schmerzen.

So hatten unsere Freunde während des Sommers und des Herbstes keine Ahnung von dem auf sie zukommenden Kummer. Erst als kurz vor Weihnachten starker Frost eintrat, der durch alle Fugen der Häuser drang, und vor dem selbst das Kaminfeuer nur unvollkommen schützte, nahmen Dollys Kräfte so zusehends ab, daß selbst der alte Großvater aufmerksam wurde. Zuerst beunruhigte ihn, daß die Kleine zu hüsteln anfing, und als er sie zu sich zog, seine Brille aufsetzte und sie prüfend betrachtete, fiel ihm das bleiche abgemagerte Aussehen des Kindes auf. Er sorgte sich, wußte aber nicht, was er machen konnte. Er dachte wohl daran, irgend jemanden wegen eines Arztes um Rat zu fragen, aber dieser Gedanke entschlüpfte seinem Gedächtnis wie alles andere. Unglücklicherweise war auch gerade um diese Zeit Tante Charlotte durch einen heftigen Gichtanfall verhindert, ihre gewohnten Besuche bei ihrem Bruder zu machen.

Der letzte Tag des Jahres brachte Tony viel Arbeit. Er hatte bei grimmiger Kälte den ganzen Vormittag Pakete ausgetragen, aber sein Gesicht leuchtete vor Freude. Er konnte kaum die Mittagsstunde erwarten, denn an Silvester wurde das Geschäft um 1 Uhr geschlossen, und dann hatte er frei. Schon lange hatte er sich ausgedacht, daß er auch Olivers Lädchen für den Nachmittag schließen und mit dem Großvater und Dolly einen langen Spaziergang durch die belebten Straßen der Stadt machen könnte. Nun war der lang ersehnte Tag gekommen. Als Tony endlich frei hatte, lief er, so schnell ihn seine Füße trugen, heim, schwang sich voll Eifer über den Ladentisch und stand unvermutet im Wohnzimmer. Aber welch ein Anblick bot sich ihm da! Dicht am Kaminfeuer saß der alte Oliver, auf seinem Schoß hielt er Dolly. Sie war ganz blaß im Gesicht und hielt die Augen geschlossen, und der Großvater weinte. Als Tony mit einem Schreckensruf vor den beiden niederkniete, schlug Dolly die Augen auf, versuchte ihn mit ihren abgezehrten Händchen zu streicheln und flüsterte:

„Ich bin so müde, Tony! Ganz müde!"

„Ich kann mir gar nicht denken, was die Kleine hat", sagte Oliver traurig. „Sie ist plötzlich umgefallen – was kann das nur sein?"

„Gebt sie mir, Großvater", bat Tony, „ich habe mehr Kraft sie zu halten als Ihr. Ihr müßt ganz müde sein und solltet vor allen Dingen etwas essen. Soll ich dich auf den Schoß nehmen, Dolly?"

Statt zu antworten, streckte Dolly ihm die Ärmchen entgegen, und Tony setzte sich mit ihr auf die Kiste. Bald war die Kleine wieder eingeschlafen, während Oliver sich geräuschlos im Zimmer zu schaffen machte und dabei ab und zu den Namen des Herrn Jesus in sichtlicher Herzensangst halblaut vor sich hinsagte. Nach einer Weile beugte sich der Alte wieder über sein Enkelkind und schüttelte traurig den Kopf.

„Ja, ja, sie welkt dahin, wie die andern alle", sagte er kummervoll. „Kann man denn nichts tun, um sie zu retten?"

„Im Kinderspital können sie sie wohl heilen", sagte Tony eifrig. „Kinder, die viel kränker waren als Dolly, konnten nach ganz kurzer Zeit wieder gesund heim. Wir wollen Dolly hintragen, sobald sie aufwacht. Ich bin überzeugt, sie wird im Handumdrehen wieder gesund sein. Der Doktor kennt mich ja gut, und Herr Roß wird uns auch helfen."

Oliver war mit dem Vorschlag einverstanden und wärmte hurtig die kleinen Fleischkuchen, die Tony zur Feier des Tages mitgebracht hatte.

Dolly erwachte erst, als es draußen schon anfing zu dunkeln.

„Sollen wir dich in das schöne Haus bringen, wo die kleinen Mädchen so hübsche Puppen und Spieldosen haben?" fragte Tony mit zitternder Stimme. „An den Ort, wo man mich gesund gemacht hat, und wo ich so schöne Kleider bekommen habe? Alle sind dort sehr freundlich zu dir, und du könntest bald so gesund und kräftig wie ich nach Hause kommen."

„Ja, ja", rief die Kleine. „Ich will gern in das schöne Haus gehen, nur muß ich zum Großvater zurückdürfen."

Tony half dem alten Oliver in den großen, warmen Tuchmantel mit den schönen Perlmuttknöpfen, und beide hüllten dann die Kleine in alle warmen Kleidungsstücke, die sie besaß. Zuletzt legte Tony noch seine eigene dicke Jacke über sie, um sie ja genügend gegen die Kälte zu schützen. Er nahm sie auf den Arm, Oliver schritt, leise vor sich hinsprechend, nebenher, und Beppo folgte ihnen auf dem Fuß durch die belebten Straßen, wo sich die Leute wegen des Feiertags noch mehr drängten als sonst. Endlich erreichten sie einen ruhigeren Stadtteil, und bald standen sie vor dem schönen Spital. –

Behutsam, um Dolly nicht zu wecken, zog Oliver die Hausglokke. Ein Hausmeister, der ihnen ganz fremd war, öffnete die Tür und fragte nach ihrem Wunsch.

„Wir bringen Euch unsere Dolly, die sehr krank ist", sagte Oliver mit zitternder Stimme. „Ich bin aber überzeugt, daß sie hier wieder ganz gesund werden wird. Kann ich vielleicht selbst mit dem Doktor reden?"

„Das Haus ist überfüllt", entgegnete der Hausmeister und vertrat dem Alten den Weg.

„Überfüllt?" wiederholte der Alte, als ob er den Sinn des Wortes nicht erfaßt habe.

„Alle unsere Betten sind belegt", fuhr der Mann fort. „Wir haben schon mehrere Kranke abgewiesen, die zur festgesetzten Stunde kamen. Zudem – um diese Tageszeit nehmen wir überhaupt keine Kranken auf."

„Aber mein Liebling ist gefährlich krank", sagte Oliver. „Wir sind doch hier im Kinderspital, nicht wahr?"

„Gewiß, aber wenn kein Platz mehr da ist, ist nichts zu machen. Kommt einen Augenblick ins Wartezimmer, ich will eine der leitenden Damen unseres Hauses rufen."

Es dauerte nicht lange, so erschien eine Dame und begrüßte den alten Mann und den Jungen freundlich.

„Soviel ich weiß, ist dies das Kinderspital", begann der Greis, „und ich wollte mein schwerkrankes Enkelkind hierher bringen. Aber der Hausmeister sagte uns, daß es keinen Platz mehr für sie gibt. Das muß doch wohl ein Irrtum sein."

„Nein, leider ist es kein Irrtum", antwortete die Dame. „Wir haben wirklich keinen Platz mehr und mußten in den letzten Tagen wiederholt kranke Kinder abweisen. Von wem ist Euer Empfehlungsschreiben ausgestellt?"

„Ich wußte nicht, daß ein Empfehlungsschreiben nötig ist", antwortete Oliver traurig. „Dolly ist sehr krank, und hier würde sie gesund werden und bessere Verpflegung haben als Tony und ich ihr geben können. Woher soll ich einen Empfehlungsbrief bekommen?"

„Herr Roß würde uns einen geben", versicherte Tony eifrig.

„Selbst dann könnten wir die Kleine erst aufnehmen, wenn ein Bettchen frei geworden ist."

„Sie kennen mich nicht", sagte Tony lebhaft. „Herr Roß hat mich vor ungefähr einem Jahr hierher gebracht, und ich bin wieder gesund und kräftig geworden. Alle waren so freundlich zu mir, daß ich mir keinen schöneren Ort für unser kleines krankes Mädchen denken könnte. Sie würde auch gewiß aufgenommen werden, wenn der Arzt und die Wärterin es nur wüßten. Bitte sagen Sie nur, daß Tony und Dolly da sind, und ich wette, daß man uns nicht abweisen wird."

„Ich wollte, wir könnten deinen Wunsch erfüllen, mein Junge", sagte die Dame gerührt. „Aber es ist ganz unmöglich, wir müßten eines unserer schon aufgenommenen Kinder fortschikken, und das läßt sich heute abend nicht mehr machen. Bringt die Kleine morgen wieder. Vielleicht können wir bis dahin Rat schaffen. Zeigt mir einmal das Kind!"

Sie schob Tonys Jacke beiseite und sah voll Mitleid auf das schmerzverzogene, abgezehrte Gesichtchen. Die Kleine streckte ihr die Ärmchen entgegen und versuchte zu lächeln.

„Was soll ich tun?" rief die Dame bewegt.

„Wieviel Kinder sind hier?" fragte Oliver.

„Wir haben nur fünfundsiebzig Bettchen, und in einem so strengen Winter sind sie stets alle belegt."

„Nur fünfundsiebzig!" wiederholte der Alte traurig. „Fünfundsiebzig, und dabei liegen in London mehrere hundert kranke Kinder in Häusern wie das meinige, in die nie ein Sonnenstrahl dringt. Gibt es keinen anderen derartigen Ort, wo mein Enkelkind aufgenommen werden könnte?"

„Es gibt wohl noch ein paar Kinderspitäler, aber die sind kleiner als das unsrige und jedenfalls auch ganz belegt."

„O, was sagt der treue Herr dazu!" rief Oliver. Dann brachen sie schweren Herzens auf. Der alte Großvater ließ sichs nicht nehmen, seinen kleinen Liebling selbst zu tragen. Die Last war so leicht, daß sie selbst für den alten Mann nicht zu schwer war.

„Eines kann ich für euch tun", sagte die Dame. „Wenn ihr mir eure genaue Anschrift angebt, will ich den Doktor bitten, daß er noch heute Abend zu euch kommt. Er hat Kinder lieb und weiß sie zu behandeln."

Dieses freundliche Anerbieten tröstete den Greis ein wenig. Manchmal schwankte er unter seiner leichten Bürde, aber er war nicht zu bewegen, sie an Tony abzutreten. Aus manchen Häusern, an denen ihr Weg sie vorbeiführte, drang fröhliche Musik, aber Tony hörte nur, was der Alte halblaut vor sich hin sprach.

„Lieber Herr", hörte er ihn sagen, „es ist nur Raum für fünfundsiebzig Deiner vielen Schäfchen, die in den engen dunklen Straßen dahinwelken wie meine Dolly. Wie kommt es, daß Deine großen Kinder nicht daran denken und mehr für die kleinen Kranken sorgen? Bitte, lieber Herr, erhalte meinen Liebling am Leben! Aber Du weißt, was das Beste ist. Du liebst das Kind mehr noch als ich, und Du siehst, wie krank es ist."

Als Dolly wieder auf dem Bett ihres Großvaters lag, wachte sie auf und schien ruhiger zu sein. Sie lächelte sogar einmal. Doch entdeckte Tony einen so eigentümlichen Ausdruck in ihren Augen, daß er schweigend nach seinem Lager schlich und sein Gesicht in sein Kissen vergrub, um sein Schluchzen zu ersticken. –

Tony konnte sich nicht lange seinem Schmerz hingeben, denn bald rief ihn der alte Oliver wieder an Dollys Bett. Er hatte der

Kleinen das Kleid ausgezogen und ihr das weiße Nachthemdchen über die Unterwäsche angelegt, damit sie ja nicht friere. Das Feuer im Kamin war während ihrer Abwesenheit ausgegangen, und im Zimmer sah es sehr unordentlich und ungemütlich aus. Tony kümmerte sich nicht darum, er sah nichts anderes als Dollys liebes Gesichtchen. Ihre Augen waren weit geöffnet. Beppo hatte sich an die Seite seiner kleinen Herrin geschlichen, und diese versuchte ab und zu, ihn zu streicheln. Der alte Großvater saß am Bett und verwandte kein Auge von seinem Enkelkind.

„Nicht weinen, Großvater", flüsterte Dolly. „Nicht weinen, und Tony soll auch nicht weinen. Muß ich sterben, Großvater?"

„Ja, mein Liebling", antwortete Oliver mit gebrochener Stimme.

„Wo komme ich hin, Großvater?" fragte die Kleine weiter.

„Du wirst meinen Herrn und Meister sehen, Der die kleinen Kinder so liebhat, daß Er sie in seinen Armen hält und nicht erlaubt, daß ihnen je wieder irgend etwas weh tut."

„Wohnt er an einem schönen Ort?"

„Ja, freilich. Es ist dort schöner als irgendwo anders. Die Straßen sind alle aus Gold, und die kleinen Kinder sehen immer das Angesicht ihres himmlischen Vaters."

„Dolly will auch hingehen", sagte die Kleine feierlich.

Tonys Augen füllten sich mit Tränen. Wie gern hätte er etwas getan, um seine kleine Freundin am Leben zu erhalten. War denn niemand da, der helfen konnte?

Großvater!" rief er plötzlich. „Wenn der Meister hier ist, kann er Dolly retten. Bitte ihn doch darum!"

Aber der alte Oliver achtete nicht auf ihn, er sah nichts und hörte nichts als nur sein Enkelkind.

„Kommt Großvater auch dahin?" fragte Dolly wieder.

„Ja, Herzchen, Großvater kommt dir bald nach", antwortete er mit einem Lächeln, das sein ganzes Gesicht verklärte, „Großvater kommt bald, und du wirst da sein, um ihn zu empfangen."

„Dolly wird auf den Großvater warten", flüsterte die Kleine, „und auf Tony. Dolly wird nicht ruhig sein, bis auch Tony da ist."

Hierauf bemerkte Tony, wie sie ihre zarten Gliederchen streckte, als ob sie sehr müde sei, ihre Augenlieder fielen zu und sie seufzte leicht auf. Der alte Mann legte seine Hand sanft auf Dollys Köpfchen und sagte laut:

„Herr, nimm meinen Liebling – ich überlasse ihn Dir."

Es war Tony, als ob sich ein dichter Nebel auf ihn lege und er in eine tiefe, schreckliche Grube falle. Als er dann wieder zu sich kam, sah er, daß sein alter Freund schluchzte.

Dolly aber lag regungslos und mit einem so eigentümlichen Lächeln da, daß Tony den Anblick nicht ertragen konnte. Er schlang den Arm um den alten Großvater und führte ihn zu seinem Lehnstuhl. Oliver ließ alles mit sich geschehen. Ihm war wie in einem Traum. Nun wußte der Junge sich nicht mehr zu helfen. In seiner Not wandte er sich schließlich an den Herrn Jesus und sagte:

„Herr, wenn Du den alten Mann wirklich lieb hast, dann bitte hilf

Du ihm doch! Ich weiß nicht, was ich anfangen soll, jetzt wo die kleine Dolly tot ist."

Er setzte sich auf die Kiste und sah ratlos bald auf den Greis, bald auf die leblose Gestalt, die auf dem Bett lag. Noch konnte er nicht fassen, was geschehen war, seit er sich so vergnügt über den Ladentisch geschwungen hatte.

Aber nicht lange blieb er seinen traurigen Gedanken überlassen. Plötzlich klopfte es an die Ladentür, und als Tony fragte, wer draußen sei, antwortete ihm eine wohlbekannte Stimme:

„Anton, ich bringe den Doktor, der sehen soll, was sich für deine kleine Freundin tun läßt!"

Kaum war Herr Roß im Hause, da warf sich der Junge laut schluchzend in seine Arme und rief:

„Sie kommen zu spät! Dolly ist tot, und ich fürchte, daß der Großvater mich auch verläßt. Sie haben Dolly im Spital nicht aufnehmen können, und als wir wieder daheim waren, ist sie gestorben."

Der alte Oliver schreckte durch die fremden Stimmen aus seinem Brüten.

„Ich murre nicht", sagte er, „denn mein Herr kann nichts Hartes tun. Er wird bald mit mir reden und mich trösten. Nur bin ich jetzt so blind und taub für alles, selbst für Seine Stimme. Ich habe Ihn nicht vergessen, und Er hat mich nicht vergessen. Ich weiß wohl, daß jetzt manches getan werden muß, aber ich kann mich nicht mehr erinnern, was."

„Überlaßt das uns", sagte Herr Roß. „Könnt Ihr nicht die Nacht bei irgend einem Nachbarn zubringen? Ihr seid zu alt, als daß Ihr Eure Nachtruhe entbehren könnt."

„Nein, nein", entgegnete der Greis, „ich bleibe lieber hier. Wenn alles Nötige getan ist, gehe ich zu Bett und habe acht auf die Kleine. So lange sie da ist, wird es mir nicht einsam sein."

Eine Stunde später war alles Nötige veranlaßt. In einer Ecke der Stube hatte man für das tote Kind ein Plätzchen zurecht gemacht. Oliver hatte sich dem Versprechen gemäß, das er Herrn Roß und dem Doktor gegeben hatte, zu Bett gelegt und war nun in einen leichten Schlaf gesunken. Das Gas war heruntergeschraubt, brannte aber die Nacht durch. Tony, dem aller Schlaf vergangen war, saß beim Kamin und hielt Beppo auf den Knien. Tiefes Weh und eine gewisse heilige Scheu hatten sich seiner bemächtigt. Es durchschauerte ihn bei dem Gedanken, daß die Kleine, die mit ihm gespielt und ihn noch am Morgen geküßt hatte, nun in jene unsichtbare Welt gegangen war, die ihm früher so unerreichbar weit und jetzt plötzlich so nahegerückt schien.

Oliver und Tony begleiteten Dolly nach dem weit entfernten Friedhof. Dann kehrten sie traurig in ihr verödetes Heim zurück. In den nächsten Tagen nach Dollys Tod schien der Alte ganz zu vergessen, daß Dolly nicht mehr da war und niemals zurückkommen werde. Er rief oft ihren Namen oder suchte sie in ihren gewohnten Schlupfwinkelchen, in die sie sich beim Spielen zu verstecken pflegte. Zur Essenszeit stellte er Dollys buntbemalte Tasse und ihren Teller auf den Tisch, den er für sie angeschafft hatte. Abends, während er in seinem Sessel saß und mit seinem Herrn zu sprechen pflegte, wiederholte er oft Dollys Nachtgebetchen, das er sie selbst gelehrt hatte.

Tony fühlte, daß er den armen alten Mann nicht den ganzen Tag über allein lassen durfte.

„Ich habe meine Stellung als Laufbursche aufgegeben", sagte er zu Herrn Roß, „Großvater wird immer vergeßlicher, und ich muß sein Geschäft für ihn versehen, so gut ichs eben verstehe. Manchmal ist er ganz klar im Kopf, aber nicht oft, so daß man sich nicht auf ihn verlassen kann. Er spricht mit Dolly, als ob sie noch da sei, und das kann ich kaum mit anhören. Aber ich habe ihn so lieb, lieber als irgend jemanden auf der Welt, und ich habe mich entschlossen, daß sein Herr nun auch mein Herr sein soll. Ich kenne diesen Herrn zwar noch sehr wenig. Aber sicher wird mir irgend jemand mehr von Ihm erzählen. Vielleicht lerne ich auch bald besser lesen, so daß ich selbst die Bibel lesen kann. Dieser Herr ist gut und hat mich sehr lieb, das habe ich schon gemerkt. Er ist da und sieht uns und hört uns, mich und Großvater, auch wenn wir Ihn nicht sehen. Und Er wird uns helfen. Wir werden nicht verhungern."

Und Tony hatte recht. Sie hatten immer genug zum Leben. Herr Roß machte es sich zur Gewohnheit, wöchentlich einmal nach seinen Schutzbefohlenen zu sehen, und sorgte dafür, daß Tony genug zu verdienen bekam. Aber der Junge und sein alter Freund konnten den Verlust ihrer kleinen Dolly nicht vergessen. Jeden Sonntagnachmittag sah man die beiden langsam durch die Straßen gehen bis zum Kinderspital. Dort blieben sie stehen, und jedesmal sagte der alte Mann die selben Worte:

„Herr, sie haben keinen Platz für meinen Liebling gehabt, darum hast du ihn zu dir genommen!"

Ein besonders schwerer Tag für Tony war, als Tante Charlotte zum erstenmal seit langer Zeit wieder ihren Bruder besuchte und die kleine Dolly vermißte. Tony mußte ihr alles erzählen, was er wußte, und ihr die Kleidchen zeigen, die der Großvater sorgfältig neben einigen Andenken an seine verstorbene Frau in einer Schublade aufbewahrte. Da der alte Mann versäumt hatte, seiner Tochter den Tod ihres Kindes mitzuteilen, übernahm es Tante Charlotte, Sanne zu schreiben. Ihr Brief kam aber erst in Kalkutta an, als sich Sanne und ihr Mann längst auf der Heimfahrt befanden.

Etwa zwei Jahre später, nachdem Sanne Raleigh ihr Töchterchen in der Obhut des Großvaters gelassen hatte, trat an einem warmen Sommerabend ein großer stattlicher Soldat, der nur noch einen Arm hatte, in Olivers Laden. Tony war gerade daran, ein Paket Zeitschriften zusammenzupacken, die er am nächsten Tag austragen wollte. Der Soldat sah ihn fragend und erstaunt an:

„Hallo, mein Junge, wer bist du?"

„Ich bin Anton Oliver", sagte Tony, der sich seit einiger Zeit nach seinem alten Freund nannte.

„Was, Anton Oliver?" wiederholte der Fremde, „ich habe noch nie etwas von dir gehört."

„Das kann schon sein. Ich heiße eigentlich nur Tony, aber ich lebe jetzt mit dem alten Herrn Oliver und nenne ihn Großvater, wie die kleine Dolly, als sie noch lebte."

„Wie? Was soll das heißen, ‚als sie noch lebte'? Lebt sie denn nicht mehr? Was ist denn geschehen?"

„Wer seid Ihr denn?" fragte Tony gespannt, „seid Ihr etwa Dollys Vater? – Ja, sie ist tot, am letzten Tag des alten Jahres gestorben, und seitdem fühlen wir uns beide so sehr einsam."

„Führe mich zum Großvater, mein Junge", sagte der junge Mann, nachdem er sich etwas gefaßt hatte.

Tony zeigte ihm den Weg. „Jetzt ist er viel gefaßter", sagte Tony, „nur mit seinem Gedächtnis ist es schlecht bestellt, aber ich kann Euch alles von der kleinen Dolly erzählen, was Ihr wissen wollt. Wir haben uns so lieb gehabt."

Als Raleigh ins Zimmer trat, saß der alte Oliver friedlich in seinem Lehnstuhl. Er sah den Fremden forschend an und schien sich zu fragen, wer dieser wohl sein möchte.

„Kennt Ihr mich nicht, Vater?" rief Raleigh, sich mühsam fassend, „ich bin Sannes Mann und Dollys Vater."

„Dollys Vater!" wiederholte der Greis, erhob sich, legte die Hand auf die Schulter des Schwiegersohnes und sagte feierlich:

„Weißt du auch, daß der Herr sie zu sich in Seine Herrlichkeit genommen hat?"

„Ja, ich weiß es", entgegnete der junge Mann traurig und schob seinen Stuhl in die Nähe des Alten.

Nach einer Pause deutete Oliver auf den leeren Ärmel und fragte teilnehmend:

„Hast du deinen Arm eingebüßt?"

„Ja", versetzte Raleigh. „Unser Oberst ist einmal von einem Tiger überfallen worden, und ich habe ihn retten dürfen. Dabei hat die Bestie aber meinen Arm so zugerichtet, daß er abgenommen werden mußte. Zum Soldaten tauge ich nun natürlich nicht mehr."

„Ja, ja", sagte Oliver, „aber der Herr wußte das alles."

„Freilich, und Er hat mir manches gezeigt, was ich voher nicht wußte. Gottlob, daß ich zu Seinem Dienst noch nicht untauglich bin. Nur bin ich darin noch sehr unerfahren und hoffe auf Eure Unterweisung, Vater. Ich darf Euch doch Vater nennen, oder?"

„Gewiß, gewiß!" antwortete der Alte.

„Weil ich nicht mehr dienen konnte und auch wenig später der Oberst verwundet worden ist, sind wir alle miteinander zurückgekommen. Während Sanne mit unserem Töchterchen die Frau Oberst auf deren Landgut begleitet hat, bin ich hierher gekommen, um nach Euch und der kleinen Dolly zu sehen."

„Sagtest du nicht, daß Sanne mit eurem Töchterchen gereist ist?" fragte Oliver verwirrt.

„Ja, Ihr wißt doch, daß uns in Indien ein kleines Mädchen geboren worden ist. Sie heißt Marie, aber wir nannten sie immer Polly, weil wir dadurch an unsere Dolly in der Heimat erinnert wurden. Ich weiß nicht, wie ich meiner armen Sanne den Tod des Kindes mitteilen soll."

Wieder wurde es still in dem kleinen Gemach. Tony ließ die beiden allein, um einen Kunden zu bedienen und dann den Laden zu schließen. Sein Herz war zum Zerspringen voll, und er hatte alle Mühe, die Tränen zurückzuhalten. Als er wieder ins Wohnzimmer kam, hatte Raleigh wieder das Wort ergriffen.

„Sanne und ich sollen eines der Torhüterhäuschen im Park des Herrn Oberst bewohnen, und ich soll ein wenig die Aufsicht übernehmen über die Dienstboten außerhalb des Hauses. Wir haben viel Raum in unserem Häuschen, und vom Fenster unseres Wohnzimmers aus sieht man gerade auf den Wrekin. Euer Heimatort ist so nah, daß man ihn mit einem kleinen Einspänner leicht erreichen kann. Als die Frau Oberst Sanne vom Wrekin erzählte, rief diese gleich: ‚Das ist der rechte Ort für meinen Vater!‘ Ihr werdet doch gern zu uns ziehen in Eure alte Heimat, nicht wahr, Vater?"

„Ja, ja, für kurze Zeit", antwortete der Greis lächelnd.

Tony war es, als habe er einen Stich ins Herz bekommen. Wenn der alte Mann zu seiner Tochter aufs Land zog, dann war er, Tony, wieder heimatlos in der großen Stadt, und das schöne Band, das ihn mit Oliver und Dolly verbunden hatte, wurde für immer zerrissen. Wohl war er jetzt in der Lage, sich auf redliche Weise sein Brot zu verdienen, und er brauchte nicht mehr zu fürchten, die Nächte in den öffentlichen Anlagen oder unter dem Schutz eines Brückenpfeilers verbringen zu müssen. Aber die Liebe, die er in den letzten Monaten genossen hatte und die ihm unentbehrlich schien, mußte er missen, wenn Raleighs Plan in Erfüllung ging. Er fragte sich, ob der Herr Jesus das wohl zulassen werde.

„Aber ich kann mich nicht von Tony trennen", rief Oliver plötzlich und setzte seine Brille auf, um nach dem Jungen zu sehen.

„Komm her, Tony. Er ist mir wie ein Sohn, nennt mich Großvater, und ich weiß nicht, was aus mir geworden wäre, wenn ich ihn nicht gehabt hätte. Der Herr hat ihn mir an demselben Abend gegeben, an dem Er mir Dolly ins Haus geschickt hat. Nein, nein! Dolly hat Tony so lieb gehabt, und ich kann ihn nicht verlassen. Sag Sanne, sie soll ihren Vater hier besuchen."

Der alte Oliver schlang bei diesen Worten den Arm um Tony und zog ihn ganz nahe zu sich heran. Wie wohl tat dies dem elternlosen Jungen!

„Mein Herr Oberst muß das erfahren", sagte Raleigh, nachdem er gehört hatte, wie Tony an dem alten Mann gehandelt hatte, und als er sich verabschiedete, drückte er dem Jungen so herzlich die Hand, daß dieser vor Glück strahlte.

Das Torhüterhäuschen im Park des Herrn Oberst lag am Fuß einer kleinen Anhöhe, auf der das Herrschaftshaus gebaut war. Die Mauern waren mit Efeu bewachsen. Dicht am Haus stand eine schöne kleine Laube, von der aus man auf duftende Wiesen und auf den Wrekin sah, der sich in der Ferne erhob.

Sanne hatte den ganzen Tag emsig geschafft, um ihr Heim für den so lange entbehrten Vater zu schmücken. Nun stand sie mit ihrem achtzehn Monate alten Töchterchen in der Haustür und spähte die Landstraße entlang, ob der Wagen wohl schon zu sehen sei, mit dem Raleigh den alten Oliver und Tony abholte. Als die Gutsherrschaft hörte, wie treu sich der Junge des alten Mannes angenommen hatte, wollten sie nichts von einer Trennung der beiden wissen. Tony sollte in Haus und Garten helfen und mit Oliver im Torhäuschen wohnen. Wohl weinte Sanne manche Träne um ihre kleine Dolly. Aber dann nahm sie sich vor, das Wiedersehen mit ihrem Vater nicht allzusehr durch die Trauer um ihr Kind zu trüben.

Endlich kam der Wagen in Sicht, und kaum war er vor dem Häuschen vorgefahren, so sprangen Raleigh und Tony ab, um den Greis zu stützen, während Sanne ihm entgegeneilte und den geliebten Vater in die Arme schloß.

Oliver war sehr still. Auf der ganzen Fahrt von der Bahnstation an hatte er kein Wort gesprochen, sondern sich beinahe ängstlich nach allen Seiten umgesehen. Als er endlich den Wrekin entdeckte, war es ihm, als ob er einen lieben Freund nach langer Trennung begrüßte. Nun stand er, auf Sanne gelehnt, am Gartenzaun und sah mit einem wehmütigen Lächeln auf die Landschaft, die ihm nach den staubigen Straßen Londons doppelt lieblich erschien. Er drückte Tony die Hand und machte ihn auf die ihn umgebende Naturpracht aufmerksam. Dann aber fügte er traurig hinzu:

„Wenn nur meine kleine Dolly ein wenig von dem herrlichen Sonnenschein hätte haben dürfen."

Aber kaum hatte er dies gesagt, da erschallte hinter ihnen ein fröhliches Kinderlachen. Beide sahen sich betroffen um. War das nicht Dollys Stimme? Das Kind, das sie sahen, war bedeutend kleiner als Dolly, hatte jedoch die selben blonden, lockigen Haare und die blauen Augen wie sein älteres Schwesterchen. Als Polly merkte, daß sie die Aufmerksamkeit auf sich gelenkt hatte, lief sie auf die Mutter zu und barg ihr Köpfchen in die Falten der Schürze. Sanne nahm sie auf den Arm und sagte:

„Komm, Polly, sag ‚Großvater' und gib ein Küßchen!"

Einen Augenblick besann sich die Kleine. Dann hielt sie ihn mit ihren beiden molligen Händchen fest, küßte ihn und rief fröhlich: „Großvater, Großvater!"

Im Wohnzimmer stand der alte Lehnstuhl für den Greis bereit, und Polly setzte sich ein Weilchen auf den Schoß des Großvaters. Dabei sah sie auch Tony freundlich an, der keinen Blick von ihr abwandte. So ähnlich Polly auch seiner kleinen Freundin sein mochte, so war es doch nicht Dolly, die das öde Haus in London mit so viel Freude und Glück erfüllt hatte. Tony wußte, daß Dolly beim Vater im Himmel war und dort auf ihn wartete. Der Junge mußte vielleicht noch lange warten, ehe er sie wiedersah. Für den alten Oliver aber konnte es nicht mehr lange dauern. Während Sanne ihr Töchterchen in den Schlaf sang, hörte Tony den Alten sagen:

„Über ein gar Kleines – und ich komme wieder – und ich werde euch zu mir nehmen, auf daß, wo ich bin auch ihr seiet – ja, komm, Herr Jesus!"

Bessies Mission

„Ach, du liebe Zeit! Schon halb neun Uhr, und das Frühstück ist noch nicht fertig! Ich weiß nicht, wie wir heute noch rechtzeitig zur Sonntagsschule kommen sollen! Mutter, weshalb sind wir gerade sonntags immer später als an anderen Tagen?"

Es war ein hübsches vierzehnjähriges Mädchen, das diese Worte in recht verdrießlichem Ton sagte, nachdem es in die Küche gekommen war und auf den leeren Tisch und dann auf die Uhr geschaut hatte. Anscheinend war Bessie gerade aus dem Bett aufgestanden, denn sie knöpfte jetzt erst ihr Kleid zu und versuchte ihr Haar ein wenig zu ordnen.

Die Mutter trat gerade mit der Kaffeekanne aus der Speisekammer. Sie trug ein verwaschenes Morgenkleid, hatte einen alten Schal um den Hals geschlungen und ein dickes Kopftuch um. Sie hatte schon seit mehreren Tagen Kopfschmerzen und wurde nun auch noch von heftigen Zahnschmerzen geplagt. Unwillig antwortete sie ihrer ältesten Tochter:

„Warum stehst du nicht sonntags ein wenig früher auf und hilfst mir beim Anrichten des Frühstücks? Wenn dir so viel daran gelegen ist, zur Sonntagsschule zu gehen, dann hilf mir. Ich muß in der Woche immer um fünf Uhr aufstehen, um deinem Vater das Frühstück zu richten, und da bin ich froh, wenn ich sonntags ein klein wenig länger ruhen kann. Du weißt, daß unser Kleinstes sehr unruhig ist und mich fast jede Nacht ein paarmal aufweckt. Und dann diese furchtbaren Zahnschmerzen! Vater steht sonntags auch nie vor zehn Uhr auf. Wenn du nicht immer zur Sonntagsschule müßtest, dann könnten wir alle länger schlafen."

„Ja – und wir würden wie die Heiden aufwachsen, wenn es nach dir und Vater ginge!"

„Du weißt genau, daß ich grundsätzlich nichts gegen die Sonntagsschule habe. Aber ich wünschte mir doch ein wenig mehr Erfolg von all dem, was ihr dort sicher zu hören bekommt. Ich würde gern auch einmal ein wenig mehr Frucht bei euch sehen, bei dir und auch bei deinen Brüdern. Sechs Jahre lang bin ich nun Sonntag für Sonntag euretwegen früher aufgestanden, nur damit ihr in eure Sonntagsschule kommt. Aber leider hat sich bis heute noch nicht die geringste Spur einer Änderung zum Guten bei euch gezeigt. Ihr zankt euch wenn ihr geht und wenn ihr wiederkommt und werdet von Jahr zu Jahr ungezogener. Aber, Kind, was stehst du da und guckst mich an – willst du nicht zur Sonntagsschule? Warum packst du nicht mit an? Warum deckst du nicht schon den Tisch?"

„Weg da, ihr Jungen!" wandte sich dann die Mutter zu den Jungen, die auch in die Küche gekommen waren und der Mutter im Weg standen. Mürrisch setzten sie sich an den Tisch und warteten auf das Frühstück. Bessie begann dann, den Tisch zu decken. Man sah, daß sie ärgerlich war, weil sie helfen sollte. Sie wandte sich dabei an ihren ältesten Bruder, einen zwölfjährigen kräftigen Jungen:

„Willi, hast du deinen Bibelvers gelernt?"

„Was geht das dich an?"

„Weil ich mich wegen dir immer schämen muß, wenn du getadelt wirst. Du bist ein Faulpelz. Ich würde mich an deiner Stelle ein wenig mehr anstrengen."

„Kümmere dich um deine Angelegenheiten. Du bist nicht deines Bruders Hüter."

„Willi, nimm dir den Vers vor und lerne ihn beim Frühstück", mahnte die Mutter.

„Ich weiß nicht, wo der Merkzettel ist. Ich habe auch in der Sonntagsschule noch Zeit genug, ihn zu lernen. Und ich wette, daß ich ihn dann genau so gut kann wie unser Fräulein Angeberin", fügte er mit einem Seitenblick auf die Schwester hinzu.

„Ben, laß uns heute nicht zur Sonntagsschule gehen, sondern zur Eisbahn. Da ist es viel schöner", sagte nach einer Weile der Zehnjährige zu seinem achtjährigen Bruder. „Prima", antwortete dieser, „ich mache mit."

„Dann aber zuerst ins Schlafzimmer und die guten Anzüge ausgezogen, sonst bleibt ihr hier!"

„Aber Mutter, dann müssen wir uns ja schämen, wenn wir sonntags in unseren alten Hosen herumlaufen. Was sollen die Leute über uns denken?"

„Mit den guten Hosen kommt ihr mir nicht auf die Eisbahn!"

„Dann eben nicht. Dann gehen wir doch mit in die Sonntagsschule."

„Und vertragt euch, das sage ich euch! Sonst spreche ich mit dem Vater", mischte sich Bessie ein. „Ich werde ihm erzählen, was der Sonntagsschullehrer über euch gesagt hat."

„O, bitteschön, bitteschön! Das kannst du ruhig erzählen. Aber vergiß nicht das Bälkchen in deinem eigenen Auge!" warf Willi ein.

„Mutter, er sagte am vorigen Sonntag zu Fräulein Fields: ‚Die Blair-Jungen sind die unaufmerksamsten Jungen, die ich je in einer Gruppe hatte. Die Sonntagsschulstunde, die mir früher ein Vergnügen war, ist mir durch sie zu einer Last geworden. Sie ziehen auch alle anderen Jungen mit, so daß die ganze Gruppe in Unruhe gerät.'"

„Und du, Klatschtante, bist du besser?"

„Still jetzt, Kinder, laßt das Zanken! Das Frühstück ist fertig. Es tut mir leid, daß wir heute so spät sind und ihr deshalb warten mußtet."

Mit diesen Worten nahm die Mutter ihr jüngstes Kind, das schon ein ganzes Weilchen in seinem hohen Klappstuhl gesessen hatte und nach der Mutter verlangte, setzte sich mit ihm an den warmen Herd und begann es zu waschen und anzuziehen. Das tat sie sonst nicht in der Küche, aber Vater schlief noch und wollte nicht gestört werden.

Dann kamen noch zwei kleine Mädchen von fünf und drei Jahren in die Küche. Sie waren barfuß und hatten noch ihre Schlafanzüge an. Sie trugen ihre Kleider und Schuhe im Arm und verlangten angezogen zu werden. Jede wollte die erste sein.

Die Jungen begannen schon zu frühstücken. Es wurde nicht gebetet, und jeder langte hastig zu. Bessie fuhr dazwischen:

„Wie junge Hunde, die ihr Futter verschlingen!"

Willi rief der Mutter zu: „Wenn du nicht bald kommst, dann ist nichts mehr übrig für dich."

„Danke, aber mir liegt nichts am Frühstück. Ich fühle mich nicht wohl, und ich habe auch Angst, meine Zahnschmerzen könnten durch das Essen noch schlimmer werden."

„Laß dir doch endlich den Zahn ziehen", meinte Willi.

Die Mutter erwiderte nichts darauf. Die Kinder aßen weiter. Bessie war als erste fertig. Sie stand auf und wollte die Küche verlassen, als die Mutter sagte:

„Du willst mich doch nicht mit all der Arbeit allein lassen?"

„Ach, Mutter, ich habe wirklich keine Zeit zu helfen. Die Kleinen sind nicht einmal fertig mit dem Essen, und ich muß mich jetzt schnell anziehen."

„Nun, dann schäl mir doch die Kartoffeln noch. Du weißt, Vater verlangt sonntags immer eine vollständige Mahlzeit. Ich weiß nicht, wie ich das alles ohne Hilfe schaffen soll."

„Kartoffeln schälen! Auch das noch! Meine Hände riechen dann immer so und werden rauh. Und außerdem — ich habe jetzt wirklich keine Zeit mehr, selbst wenn ich mich sehr beeile, komme ich kaum noch rechtzeitig zur Sonntagsschule."

„Könntest du denn nicht heute einmal zu Hause bleiben, nur heute?"

Es war etwas Flehendes in der Stimme der Mutter, doch Bessie überhörte es. „Mutter, du weißt doch, daß ich in diesem Jahr nicht fehlen will, denn es gibt Geschenke für Fleiß und regelmäßigen Besuch. Und außerdem – ohne Sonntagsschule würde mir der Tag gar nicht wie ein Sonntag vorkommen."

„Dann nimm doch wenigstens deine beiden kleinen Schwestern mit, damit sie mich nicht auch noch aufhalten und bei der Arbeit stören", bat die Mutter.

„Die Sonntagsschule ist kein Kindergarten. Übrigens würde es viel zu lange dauern, sie zu waschen und anzuziehen. Ich kann nicht so lange warten." Mit diesen Worten schlüpfte Bessie schnell hinaus und eilte nach oben in ihr Zimmer, um sich fertig anzukleiden. Die Mutter mußte sich eben behelfen, so gut es ging. –

Wenig später trat Bessie aus der Haustür in den hellen, glitzernden Wintermorgen hinaus. Sie war ein hübsches Mädchen, und das wußte sie auch. Sie wußte, daß der dunkelblaue Mantel, den sie trug, nach der neuesten Mode war und das kecke Hütchen gut dazu paßte. Aber besonders stolz war Bessie auf den neuen Pelzkragen und den Muff von echtem Mink, um die sie die Mutter monatelang geplagt hatte. Bessie wußte aber nicht, daß sich die Mutter dieses Geld mühsam zusammengespart hatte, um für sich selbst warme Unterwäsche für den Winter kaufen zu können, die sie dringend brauchte.

Bessie dachte nicht daran, daß bei ihren Ansprüchen die Mutter zu kurz kam. Als sie gesagt hatte, ohne Sonntagsschule sei es nicht richtig Sonntag, da hatte sie nicht im geringsten an die Mutter gedacht. Hatte diese denn einen Sonntag? Und wäre Bessie einmal ehrlich zu sich selbst gewesen, dann hätte sie sich eingestehen müssen, daß sie zur Sonntagsschule ging, um ihre Freundinnen zu treffen, um diesen ihre schönen Kleider zu zeigen und auch um der Arbeit und der Unruhe zu Hause zu entgehen.

Bessies Selbstsucht war zum Teil eine Folge der Erziehung durch den Vater. Er schaute mit Stolz und Wohlgefallen auf seine älteste Tochter. Bat die Mutter diese um Hilfe, dann antwortete er stets:

„Laß Bessie ihre Jugend genießen. Ich will nicht, daß sie schon so eingespannt wird. Sie ist aufgeweckt und lernt leicht. Sie soll sich schulisch weiterbilden, daß sie es zu etwas bringt. Verschon sie mit Hausarbeiten. Es soll ihr einmal besser gehen als uns!"

So sprach er oft zu seiner Frau, sogar in Gegenwart seiner Tochter. War es da ein Wunder, daß Bessie so lange im Bett blieb, wie es ihr paßte, und daß sie sich nur an den fertig gedeckten Tisch zu setzen wünschte?

An den Wochentagen saß sie nachmittags länger als nötig bei ihren Schulaufgaben. Gewiß, sie lernte fleißig und bekam gute Zensuren. Aber ihr kam nie der Gedanke, der Mutter freiwillig zu helfen. Sah Bessie denn nicht, wie ausgezehrt und abgearbeitet die Mutter aussah? –

Auf ihrem Schulweg zur Sonntagsschule kam ihr dann doch in den Sinn, daß es nicht richtig gewesen war, die Mutter mit ihren vielen Arbeiten alleingelassen zu haben. Nun meldete sich in ihrem Inneren eine feine, unbequeme Stimme: „War es recht von dir, einfach fortzugehen und die Mutter alleinzulassen? – Hätte sich der Sonntagsschullehrer nicht ganz sicher gefreut, wenn du deine kleinen Schwestern mitgebracht hättest? – Wären deine Brüder vielleicht weniger ungezogen, wenn sie in dir ein besseres Vorbild hätten? – Gäbe es nicht halb so viel Zank und Streit im Haus, wenn du deine Zunge besser zügeln würdest? – Und sähe die Mutter nicht viel besser aus und wäre besser gelaunt, wenn du ihr mehr helfen und sie nicht immer wieder durch deine spitzen Bemerkungen reizen und ärgern würdest?"

Niemand, der das Mädchen an diesem herrlichen Wintermorgen im hellen Sonnenschein leichtfüßig die Straße hinabgehen sah, hätte geahnt, daß sie etwas anderes sein konnte als ein liebenswürdiges, freundliches Mädchen. Fräulein Fields, ihre Sonntagsschullehrerin, die ihr mit einer älteren Bekannten auf dem Weg folgte, sah Bessie und meinte zu ihrer Begleiterin:

„Das Mädchen da vorne vor uns ist die kleine Bessie Blair. Ein nettes Kind. Sie ist eine meiner besten Schülerinnen. Und sie ist so ganz anders als die anderen Kinder aus dieser Familie."

„Ja, es ist erstaunlich", bestätigte die Begleiterin, „welch merkwürdige Ausnahmen es manchmal in einer Familie gibt. Ich kenne diese Blairs. Ich wohne in der selben Straße wie sie, mehrere Häuser weiter. Aber die schrille Stimme dieser anscheinend recht zänkischen Frau und das Schreien und Lärmen der Kinder dringt oft bis zu uns. In der ganzen Nachbarschaft haben diese Blairs keinen einzigen Freund. Frau Blair geht kaum einmal aus dem Haus. Und wenn man sie einmal zu Gesicht bekommt, dann spricht sie nur wenig. Sie macht auch einen sehr ungepflegten Eindruck. Anscheinend geht es dort drunter und drüber. Man kann sich kaum vorstellen, daß Bessie aus dieser Familie kommt. Sie ist immer so sauber und hat ein so feines, zurückhaltendes Wesen. Sie ist auch das genaue Gegenteil von ihrem Vater. Dieser Blair, wenn ich den schon sehe! Dieser eingebildete, dünkelhafte Kerl! Worauf der bloß so stolz ist!"

„Mir tut Frau Blair leid", antwortete Fräulein Fields. „Ich habe einmal versucht, mich mit ihr bekannt zu machen, aber ohne Erfolg. Sie will, wie mir scheint, nichts mit anderen Menschen zu tun haben. Schade. Herr Blair und seine Frau wollen wohl auch von Gott nichts wissen. Nie gehen sie unter Gottes Wort und machen auch keinen Unterschied zwischen Werktag und Sonntag. Ich wohne schon seit zehn Jahren hier in der Stadt, habe aber weder ihn noch sie jemals im Gottesdienst gesehen. Mich wundert es, daß sie den Kindern erlauben, zur Sonntagsschule zu gehen." –

Mit dem festen Vorsatz, nach der Sonntagsschule schnell heimzugehen und der Mutter bei der Zubereitung des Mittagessens zu helfen, betrat Bessie den kleinen Saal. Sie wußte, daß ihr Vater immer sehr ärgerlich wurde, wenn er an dem einzigen Tag, an dem er mittags zu Hause sein konnte, nicht etwas ganz besonders Gutes auf dem Tisch vorfand. Herr Blair war Werkführer in einer Fabrik im Stadtzentrum und wohnte mit seiner Familie in einer der Vorstädte. Er mußte deshalb täglich morgens früh fort und kam selten vor sieben Uhr abends nach Hause zurück. –

Am Schluß der Stunde wurde bekanntgegeben, daß am Nachmittag ein Missionar einen Bericht über seine Arbeit auf dem Missionsfeld geben werde, und daß ein Missionsverein gegründet werden solle. Wer von den älteren Kindern Interesse habe, könne gern daran teilnehmen. Da beschloß auch Bessie wiederzukommen, obwohl sie wußte, daß sie noch zu jung war, einem solchen Verein beitreten zu können. Ihr guter Vorsatz, der Mutter zu helfen, war vergessen. Dann machte sie sich mit ihrer Lehrerin auf den Heimweg. Als sich ihre Wege trennten, sagte Fräulein Fields:

„Ich denke, daß wir uns heute nachmittag wieder sehen."

„Ich weiß es noch nicht. Ich fürchte, ich werde nicht wiederkommen können. Meine Mutter ist nicht dafür."

„Wie? Nicht dafür? Warum denn nicht? Es ist doch ein gutes Werk!"

„O, nicht deswegen! Aber –" sagte Bessie errötend und senkte die Augen – „Mutter sagte neulich: ‚Bei Blairs ist Missionsdienst nötiger als bei den Chinesen.'"

„Hat das deine Mutter wirklich gesagt?" fragte Fräulein Fields erstaunt. Nach einigem Nachdenken meinte sie dann: „Vielleicht hat sie recht. Wenn du in die ‚innere' Mission eintreten sollst, dann möchte ich dich nicht überreden, dich der ‚äußeren' anzuschließen, denn ich bin auch der Meinung, daß Wohltätigkeit zu Hause anfängt."

Bessie hatte nicht erwartet, daß ihre Lehrerin so sprechen würde. Sie hatte vielmehr mit deren Fürsprache bei der Mutter gerechnet, denn sie wünschte sehr, dem Verein beitreten zu dürfen. Deshalb sagte sie jetzt:

„Ich weiß, wie Sie und auch alle unsere Nachbarn über uns denken. In Ihren Augen sind wir eine schreckliche Familie. Und – das stimmt auch, das ist wahr. Bei uns ist alles verkehrt. Ich weiß nicht, wie wir jemals zurechtkommen können, es sei denn" – dieses sagte sie mit einem Versuch zu scherzen – „Gott vernichtet uns durch Sturm und Feuer und läßt dann aus den Trümmern und der Asche eine völlig neue Blair-Famile entstehen. Ich weiß nicht, wie man bei uns irgend etwas ändern und besser machen könnte!"

„Liebes Kind, Gott gebraucht, wenn Er Menschen bekehren will, selten solche Mittel wie Sturm und Feuer. Erinnerst du dich nicht an die Geschichte des Propheten Elias, die wir vor einigen Sonntagen lasen? Der Sturm fuhr vorüber, und das Erdbeben erschütterte die Berge, aber Gott war nicht im

Sturm und auch nicht im Erdbeben und im Feuer. Er war im ‚leisen Säuseln'. Und durch stille, sanfte Stimmen, durch den leisen Hauch des Geistes Gottes geschehen mehr Sinnesänderungen als wir oft denken. Kind", sagte Fräulein Fields und drückte Bessies Hand herzlich, „Gottes Boten sind oft in menschlicher Gestalt — wie wäre es, wenn Er dir die schöne Mission erteilt hätte, das stille, sanfte Säuseln in der Blair-Familie zu sein?"

„O nein!" rief Bessie abwehrend, „Sie kennen mich nicht, sonst würden Sie das nicht sagen. Ich bin — die Schlimmste von allen!" In Bessies Augen standen plötzlich Tränen. Kannte Fräulein Fields sie denn so wenig? Sie war doch gar nicht die freundliche, hilfsbereite Bessie, für die sie von allen außerhalb ihrer Familie gehalten wurde!

Fräulein Fields blickte sie liebevoll an. Dann antwortete die Lehrerin, indem sie jedes Wort langsam und betont aussprach:

„Bessie, wenn das wirklich deine ehrliche Meinung ist, dann laß dein Werk bei Bessie Blair, bei dir selbst, in deinem Herzen den Anfang nehmen. Du hast einmal bekannt, errettet und ein Eigentum des Herrn Jesus zu sein. Aber ein solches Bekenntnis allein genügt nicht. Gewiß, es ist der Anfang. Wenn wir jedoch für andere ein Segen sein wollen — und das ist ja auch unsere Aufgabe — dann geht dies nie ohne den Herrn. Er möchte uns in Seiner Gemeinschaft erhalten. Ohne Ihn vermögen wir nichts zu tun. Wir müssen nahe am Weinstock bleiben. Wie steht es da um dich? Wem gehört dein Leben — jetzt ganz praktisch gesehen? Ist da alles in Ordnung? — Und wenn du mit dir selbst ins reine gekommen bist, dann pack dein Werk mit Freuden an. Bitte Gott täglich, ja stündlich um Hilfe, und dann werden andere deinem Beispiel folgen. Tue es aber nicht nur zum Schein vor den Menschen. Gott sieht das Herz an. Lebe und handle so, daß dein Vater im Himmel gepriesen wird. Wenn du Rat und Hilfe brauchst und meinst, daß ich sie dir geben kann, dann komm zu mir. Ich bin zu jeder Zeit für dich da." –

Nachdem sich Bessie verabschiedet hatte, ging sie sehr nachdenklich ihrem Elternhaus zu. Anstatt den Haupteingang auf der Straßenseite zu benutzen, ging sie um das Haus herum und trat durch die Hintertür in die Wohnung ein. Gerade als sie die Küchentür öffnete, vernahm sie die Stimme des Vaters: „Wie im Irrenhaus!" rief er, „nicht einmal sonntags hat man seine Ruhe!" Dicht vor seinen Füßen lag ein kleines ungekämmtes dreijähriges Mädchen auf dem Boden und schrie aus Leibeskräften. Das Jüngste, das den ganzen Vormittag im hohen Klappstühlchen hatte sitzen müssen, jammerte, weil es herauswollte. Die fünfjährige Susie und der achtjährige Bennie stritten miteinander um ein Fotoalbum und rissen es dabei entzwei. Die zwei ältesten Jungen machten einen Ringkampf. Und in diesem Durcheinander bemühte sich die Mutter, so schnell wie möglich das Mittagessen auf den Tisch zu bringen. Ihr Gesicht war vor Aufregung, Hast und Ofenhitze hochrot. Wiederholt hatte sie ihre älteren Kinder gebeten, doch etwas leiser zu sein und sich der Kleinen anzunehmen, aber niemand hörte auf sie.

Auch Herr Blair hatte ein rotes Gesicht, aber vor Ärger und Zorn. Er gab dem kleinen Mädchen vor seinen Füßen einen kräftigen Stoß mit dem Fuß und befahl ihm, augenblicklich still zu sein. Das Kind aber begann statt dessen aus Angst vor ihm noch mehr zu schreien. Dann riß er den beiden sich zankenden Kindern das Album aus den Händen und ohrfeigte sie so, daß sie laut zu heulen begannen. Zuletzt wandte er sich an seine Frau:

„Warum läßt du die Kinder mit dem wertvollen Album spielen, Frau? Und wie es hier wieder aussieht! Ob man heute noch etwas zu essen bekommt? Schon eine halbe Stunde über die Zeit!" Und als er den gedeckten Tisch sah, fuhr er fort: „Ich habe dir schon wiederholt gesagt, daß wir sonntags im Wohnzimmer essen und nicht in der Küche!"

Herr Blair war in seiner Sonntagsruhe gestört worden und jetzt sehr verärgert. Das verspätete Essen hatte seine Laune noch mehr verschlechtert. Anstatt nun aber auch seiner ältesten Tochter einen Verweis zu geben, weil diese einfach fortgegangen war und die Mutter bei all der vielen Arbeit alleingelassen hatte, lobte er Bessie, als er sie so adrett neben sich stehen sah, und sagte: „Kind, du bist mir die einzige Oase in dieser Wüste."

Bessie aber schaute zu ihrer Mutter hin. Und da erkannte sie zum erstenmal deutlich, daß die Mutter am Ende ihrer Kraft war.

Bessie sagte: „Es tut mir leid, daß ich fortging und Mutter mit der vielen Arbeit alleingelassen habe. Es ist meine Schuld, daß die Küche so aussieht und das Essen noch nicht fertig ist."

„Laß gut sein, Kind", unterbrach sie der Vater, „ich kanns gut verstehen, wenn du all dem Streit und der Unordnung hier den Rücken kehrst. Ich werde auch verschwinden, sobald wir gegessen haben. Johanna, gibts nun endlich etwas zu essen oder nicht?"

„Ich beeile mich, so gut ich kann", antwortete seine Frau, die das Geschirr und die Bestecke aus der Küche ins Wohnzimmer trug, um dort neu zu decken, „die Kartoffeln kamen zu spät aufs Feuer und sind noch nicht ganz gar."

Der Vater setzte sich an seinen Platz am Tisch und trommelte ungeduldig mit den Fingern auf dem Tisch herum. Bessie schlüpfte unterdessen schnell in ihr Zimmer, legte Hut und Mantel ab und erschien wenige Augenblicke später mit einer großen Küchenschürze, um der Mutter zu helfen. Die Mutter wunderte sich im stillen, daß Bessie diese Schürze trug, weil sie sich bisher immer gesträubt hatte, dieses „altmodische Ding" umzubinden.

Bessie nahm nun zuerst ihr jüngstes Schwesterchen aus seinem Klappstuhl, denn es quengelte so sehr und wollte endlich herausgehoben werden. Sie tröstete das Kleine, wusch ihm Gesicht und Hände und kämmte es.

Wenig später waren alle um den Mittagstisch versammelt. Obwohl der Vater zugegen war, zeigten die Kinder bei Tisch wenig Anstand und fielen sofort über die Speisen her. Jeder wollte zuerst sein Essen haben, und sie rissen einander die Schüsseln aus den Händen. Der Vater nörgelte über die Speisen. Nichts schien seinen Erwartungen zu entsprechen. „Das Fleisch ist zäh, und die Kartoffeln sind noch immer nicht richtig gar. Und außerdem weißt du doch genau, daß ich Fleischkuchen nicht mag." Auch die Kinder hatten manches an den Speisen auszusetzen, obwohl die Mutter mit aller Sorgfalt gekocht hatte.

Bessie überlegte: Dachte der Vater denn gar nicht daran, daß Mutter krank war? Es war immer dasselbe. Immer wenn Vater daheim war, hatte er schlechte Laune, tadelte Mutter und zankte mit ihr. Die Kinder waren schon so sehr daran gewöhnt, daß seine Worte gar keinen Eindruck mehr auf sie machten. Heute aber schien es Bessie, als hörte sie das alles zum erstenmal. Wie unfreundlich, wie grob Vater zu Mutter war! Bessie erkannte, daß es auch ihre Schuld war. „Es ist meine

Schuld. Ich sollte die Schelte haben, nicht die kranke, überarbeitete Mutter", mußte sie sich eingestehen. Aber warum war der Vater so rücksichtslos? Liebte er die Mutter nicht? Oder meinte er es vielleicht gar nicht so böse und würde sein unschönes Betragen nachher wieder gutmachen, wenn seine schlechte Laune vorbei war? Doch Bessie konnte sich nicht erinnern, jemals erlebt zu haben, daß Vater sich bei Mutter entschuldigt hatte und nett zu ihr gewesen war. Gewiß, Mutter schalt viel und war oft ungeduldig mit den Kindern. Aber sie konnte wohl nicht anders, denn die Kinder gehorchten ihr nicht. War der Vater zugegen, wenn die Kinder der Mutter Anlaß zum Tadeln gaben, dann nahm er sie in Schutz und hielt Mutter vor, sie sei zänkisch und verstehe nicht, mit Kindern umzugehen. „Ich möchte nur wissen, warum bei uns alles so verkehrt ist", dachte Bessie und verzehrte still ihr Mahl.

Frau Blair nahm ihres Mannes Nörgeln und Tadeln nicht immer stillschweigend hin. Auch jetzt rechtfertigte sie sich wegen des Essens im gleichen zänkischen Ton, so daß Bessie im stillen wünschte: „Sei doch still, Mutter, erwidere nichts mehr! Vater wird dadurch nur noch ärgerlicher, und du ziehst doch den kürzeren."

Gerade in diesem Augenblick begann einer von Bessies jüngeren Brüdern in Gedanken laut zu pfeifen. Das reizte Frau Blair, die völlig erschöpft war, so sehr, daß sie den Jungen heftig anfuhr:

„Harry, was fällt dir ein! Ungezogener Bengel! Ich hau dir eine runter!"

„Laß doch den Jungen in Ruhe!" entgegnete darauf Herr Blair, „was schadets denn, wenn er ein bißchen pfeift!"

„So ists immer. Du nimmst die Kinder in Schutz. Du hältst zu ihnen, und deshalb hören sie nicht auf mich. Es ist deine Schuld, wenn sie ungezogen sind und mir nicht folgen", erwiderte seine Frau.

Da wurde Herr Blair wütend. Er schlug mit der Faust auf den Tisch und rief: „Jetzt langts mir aber! Ich soll schuld sein! Fang bei dir selbst an! Von morgens bis abends dringt dein Gekeife durchs ganze Haus, so daß man nicht einmal ruhig schlafen kann. Und nun soll ich auch noch schuld sein an den Unarten deiner Kinder!"

Frau Blair war an solche Zornesausbrüche ihres Mannes gewöhnt. Aber heute gingen ihr seine Worte zu Herzen. War es, weil sie besonders müde und abgespannt, besonders entmutigt war? Oder war es der Ausdruck der Verwunderung, ja des Entsetzens, den sie in den Augen ihrer ältesten Tochter gewahrte?

Bessie schaute zur Mutter hin. Das Gesicht der Mutter war leichenblaß geworden. Sie schien einer Ohnmacht nahe zu sein. Auf einmal stand die Mutter auf, nahm ihr jüngstes Kind auf den Arm und verließ das Zimmer. —

Von dem ganzen Streit hatten Bessies jüngere Geschwister kaum Notiz genommen. Sie wunderte sich, daß sie selbst es heute getan hatte. War es denn nicht schon oft so zugegangen, schon immer so gewesen? Warum machte es ihr heute so viel zu schaffen? Was wohl Fräulein Fields sagen würde, wenn sie eine solche Szene miterleben würde? Ob sie dann noch immer der Meinung wäre, eine Änderung dieser Verhältnisse sei ohne Feuer und Erdbeben möglich? — Wer war schuld daran? Warum konnten sie, die Blairs, nicht ebenso in Liebe und Frieden und Eintracht zusammen leben wie Millers gegenüber oder wie Nobels im Nachbarhaus? Dort waren doch auch eine

Anzahl Kinder in der Familie, aber alles ging wie am Schnürchen, und man hörte kein lautes Wort, nie Zank und Streit. Wenn Herr Nobel seine Frau anredete, dann sagte er „Liebling", und sie nannte ihn „Charly". Und wie die Kinder gehorchten!

Was machte den Unterschied? Wo fing das Verkehrtsein an? Wo würde es enden? Würde es jemals besser werden? –

John Blair war schon als kleiner Junge Waise geworden. Da er keine näheren Verwandten hatte, von seinem Vater her aber ein wenig Geld vorhanden war, brachte man ihn in einer Familie unter, die bereit war, ihn gegen eine geringe Bezahlung aufzunehmen. Er bekam sein Essen, wurde ordentlich gekleidet und regelmäßig zur Schule geschickt. Aber niemand aus der Familie widmete ihm darüber hinaus auch nur das geringste Interesse. So wuchs der kleine John Blair ohne Liebe und Zuwendung auf. Weil er aber den Pflegeeltern keinerlei Schwierigkeiten machte und auch in der Schule sehr gut mitkam, fiel es ihnen nie auf, daß John etwas fehlte.

Mit achtzehn Jahren verließ er die Schule und auch seine Pflegeeltern und widmete sich seiner Berufsausbildung. Er war fleißig und gewissenhaft und gewann bald das Vertrauen seines Vorgesetzten. Oft verbrachte er seine freien Stunden zusammen mit jungen Männern, die, wie sie von sich selbst sagten, sechs Tage lang hart arbeiten mußten und deshalb auch das Recht hatten, den Sonntag ihrem Vergnügen zu widmen. John Blair sah sich als einen anständigen jungen Mann. Er war fleißig und trank nicht so viel wie mancher andere seines Alters. Er wußte was sich gehörte. Niemand konnte ihm etwas

Nachteiliges nachsagen. Er bezahlte seine Miete pünktlich und hatte keinerlei Schulden. Ganz selten nur besuchte er einen Gottesdienst. Wozu auch? War er nicht besser als mancher andere, der auch ein Christ sein wollte?

Inzwischen war er etwa dreißig Jahre alt geworden. Weil er gut verdiente und deshalb stets ein ordentliches Kosthaus fand, hatte er es bis dahin nicht für notwendig gehalten zu heiraten und einen eigenen Hausstand zu gründen. Doch dann lernte er ein junges Mädchen kennen, in das er sich leidenschaftlich verliebte. Als er ihr jedoch seinen Heiratsantrag machte, lehnte sie ab, weil sie seine Liebe nicht erwidern konnte. Darüber war John Blair zutiefst erschüttert. Er glaubte anfangs, diesen Schlag nicht überwinden zu können. Zwar gelang es ihm, seine Empfindungen vor seinen Freunden zu verbergen. Aber sie erfuhren doch bald davon, und es war ihm sehr peinlich, wenn in ihren Unterhaltungen die Rede auf sein „Pech" kam.

John mußte nun beweisen, daß er doch ein ‚Mann' war. Sein verletzter Stolz verleitete ihn dazu, sich sofort nach einer anderen Lebensgefährtin umzusehen und das erste Mädchen zu heiraten, das sich ihm zugeneigt zeigte. Und dieses Mädchen war Johanna Trumbal.

Johanna war damals gerade siebzehn Jahre alt geworden. Sie stammte aus einer dem Anschein nach wohlhabenden Farmersfamilie und war auf dem Lande aufgewachsen. Als sie John Blair kennenlernte, fühlte sie sich gleich zu ihm hingezogen. Er kam aus der Stadt, trug einen gutsitzenden Anzug, trat sehr gewandt auf und machte einen guten Eindruck. Die Aussicht, seine Frau zu sein und in einem schönen Haus in der großen Stadt zu wohnen, sich wie eine vornehme Dame kleiden und interessante Bekanntschaften machen zu können, kam ihr so verlockend vor, daß sie nicht einen Augenblick zögerte, seinem Werben nachzugeben.

Johannas Vater erkundigte sich nur nach den finanziellen Verhältnissen des jungen Mannes. Ihre Mutter jedoch hatte starke Bedenken, als sie herausfand, daß ihr zukünftiger Schwiegersohn an göttlichen Dingen wenig Interesse zeigte und nur selten einen Gottesdienst besuchte. Sie sprach oft mit ihrem Mann darüber und teilte ihre Sorge auch ihrer Tochter mit. Weil sie aber dann sah, wie fest sich Johanna schon entschlossen hatte, gab sie schließlich ihre Einwendungen auf und stimmte der geplanten Verbindung zu. Sie wollte, wie sie sich selbst sagte, dem Glück ihrer Tochter nicht im Weg stehen.

Aber das erhoffte Glück blieb nur ein Traum.

Zwar brachte John Blair seine junge Frau in ein schönes, wohlausgestattetes Haus. Doch hatte er nie daran gedacht, ihr das Leben einer vornehmen Dame mit all seinen Annehmlichkeiten und Reizen zu bieten. Eine Frau bedeutete ihm vor allem eine Haushälterin. Aber vom Haushalt, besonders vom Kochen und Backen, verstand seine junge Frau nicht allzu viel. Daheim hatte sie zuweilen die einfachen Mahlzeiten für die Feldarbeiter zubereitet, aber wenn irgend etwas Besonderes zu kochen gewesen war, dann hatte es die Mutter besorgt. Herr Blair hatte als Junggeselle immer ein gutes Kosthaus gefunden und war gewohnt, pünktlich ein gutes, schmackhaftes Essen auf dem Tisch zu finden. Das erwartete er auch von seiner jungen Frau.

Liebe hätte ihnen über diese Schwierigkeiten hinweggeholfen, wie sie es schon bei so manchen jungen Leuten getan hat. Aber von Herrn Blairs Seite fehlte die liebende Geduld. Hinzu kam, daß Johanna in einer ihr völlig ungewohnten Umgebung war und keine einzige Bekannte hatte, mit der sie sich hin und wieder hätte aussprechen können. So waren ihre Mißerfolge ihre einzigen Lehrmeister. Einmal hatte ihr Mann zufällig entdeckt, daß sie einen mißratenen Kuchen in die Mülltonne geworfen hatte. Darüber war er so ärgerlich geworden, daß er ihr Haushaltsgeld und auch das Taschengeld für ihre persönlichen Bedürfnisse drastisch kürzte, damit sie nicht „verschwenderisch" werde.

Weil er soviel älter war als sie, soviel mehr Erfahrung hatte, fühlte er sich seiner Frau weit überlegen und ließ es sie auch merken. Er fand, daß Johanna sich in der Stadt lange nicht so vorteilhaft ausnahm, wie in der ländlichen Umgebung. Sie zeigte sich unter Städtern befangen und scheu. Ihr Mann hielt ihr oft vor, sie sei „steif und eckig" und fände keinen Kontakt zu den Nachbarn. Da hielt sie sich noch mehr zurück, und ihr Leben wurde mit der Zeit sehr einsam.

John Blair ging jetzt nie mehr in einen Gottesdienst. Und weil er gerade an den Sonntagen, wo er zu Hause war, hinsichtlich der Mahlzeiten besondere Ansprüche an seine Frau stellte, fand diese keine Zeit mehr, einen Gottesdienst zu besuchen. Und dadurch hatte sie auch keinerlei Möglichkeit, andere Frauen kennenzulernen, die ihr sicher eine gute Hilfe hätten sein können.

Ehe ein Jahr gemeinsamer Ehe mit John Blair vergangen war, fühlte sich Johanna sehr unglücklich und enttäuscht. Sie wußte nun, daß sie mit ihrer Heirat einen Fehler gemacht hatte. Zuerst grämte sie sich eine zeitlang. Doch dann grollte sie und wurde immer verbitterter. Als sie ihr erstes Kind zur Welt brachte, hoffte sie, daß sich nun in ihrer Ehe manches zum Guten wenden würde. Aber auch diese Hoffnung erfüllte sich nicht. Leider starben in jenem Jahr auch kurz hintereinander ihre Eltern, und von der Zeit an fühlte sie ihre Einsamkeit doppelt.

John Blair hatte kaum Zeit für seine Familie, denn er mußte

sich, wie er immer wieder betonte, um den Nachlaß seiner verstorbenen Schwiegereltern kümmern. Nach deren Tod hatte sich herausgestellt, daß die Farm mit erheblichen Schulden belastet war. Da gab es anscheinend manche Auseinandersetzung mit den Gläubigern, die Herrn Blair viel Ärger verursachten. Seine Entäuschung über seinen Schwiegervater veranlaßte ihn, in Gesprächen mit seiner Frau, bei denen es um das Geld für den gemeinsamen Haushalt ging, in geringschätzender Weise von ihren Eltern zu sprechen, die „weiter nichts hinterlassen hatten als nur Schulden". So kam es, daß Frau Blair sich lieber das Nötigste vom Mund absparte, als ihren Mann um Geld für dringende persönliche Anschaffungen zu bitten. Als dann nach und nach weitere Kinder geboren wurden, mußte sie sich finanziell noch mehr einschränken. Sie trug selbst meist nur verwaschene, geflickte Kleider und legte kaum noch Wert auf ihr Äußeres. Durch Überarbeitung geschwächt und abgezehrt, war sie oft krank und zeigte sich nur ganz selten außerhalb des Hauses. Ihre Nachbarn bekamen sie fast nie zu Gesicht. Ihre einzige Waffe ihrem Mann gegenüber war ihre Zunge. Von Natur energisch und temperamentvoll, ließ sie sich oft dazu hinreißen, ihm durch heftige Vorwürfe und giftige Reden das Leben im Haus schwer zu machen.

So hatten Herr Blair und seine Frau, die einander Liebe und Treue gelobt hatten, fünfzehn Jahre lang in fast beständiger Fehde miteinander gelebt.

In den ersten Jahren ihrer Ehe hatte Frau Blair noch gehofft, daß einst ihre Kinder, wenn sie größer waren, sie für die mühsamen, enttäuschungsvollen Jahre entschädigen und ihrem nach Teilnahme hungerndem Herzen die ersehnte Liebe geben würden. Doch auch diese Hoffnung schwand nach und nach, denn die Kinder wurden mit zunehmendem Alter immer ungezogener, unehrerbietiger und selbstsüchtiger.

Als Johanna Blair auf die zornigen Worte ihres Mannes hin aufstand und den Mittagstisch verließ, geschah es mit dem festen Entschluß, ihrem Leben ein Ende zu machen. Ihre Kraft war völlig gebrochen, das fühlte sie. Schon mehrere Tage und Nächte hindurch hatte sie neben ihren fast ständigen Kopfschmerzen auch noch heftige Zahnschmerzen. Dazu kamen die Folgen einer seit langem versteckten Grippe. Und nun schon wieder diese lieblosen Vorwürfe! Sie hatte schon ein paarmal mit dem Gedanken gespielt, freiwillig aus dem Leben zu scheiden, aber die Liebe zu ihren Kindern hatte sie bisher immer wieder davon abgehalten. Nun aber war sie entschlossen, ihren Vorsatz wahrzumachen. Wenn sie, wie ihr Mann gesagt hatte, der Fluch seines Hauses war, dann wollte sie dieses Haus für immer verlassen. „Wenn ich allein die Schuld an all dem Unrecht, an all dem Elend in dieser Familie trage, dann will ich dem ein Ende machen."

Bessie hatte der Mutter, die in die Küche gegangen war, nachgeschaut und suchte im stillen ganz verzweifelt eine Möglichkeit, der „verkehrten Blair-Familie" zu helfen. Immer wieder überlegte sie, was sie tun könnte, aber ihr fiel nichts ein. Da sagte sie sich schließlich: „Ich will Mutter ein wenig zur Hand gehen, dann wird Vater sicher weniger Grund finden, mit Mutter zu schimpfen." Und so ging auch sie in die Küche und machte sich an die Arbeit. Schon nach kurzer Zeit waren das Geschirr gespült und weggeräumt und die Küche gesäubert. Dann zog Bessie ihre jüngeren Geschwister warm an und schickte sie auf den Hof in die Sonne.

Zwischendurch beobachtete sie die Mutter, denn diese hatte sich auffallend verändert. Ihr Gesicht war besonders blaß und starr, die Lippen hatte sie fest geschlossen und ihre Augen glänzten fiebrig.

Als die Arbeit in der Küche getan war, sagte sich Bessie: „Nun kann sich Mutter heute nachmittag ein wenig Ruhe gönnen, und da wird sie mir sicher erlauben, die Missionsversammlung zu besuchen." Aber gerade in dem Augenblick schaute der Vater zur Küche herein und sagte:

„Draußen warten einige Bekannte auf mich. Wir wollen eine Schlittenpartie machen und dann nachher hier zu Abend essen. Sorg für einen ordentlichen Abendtisch!" Er sah zu seiner Frau hin. Weil diese nichts erwiderte, nickte er seiner ältesten Tochter kurz zu und schritt durch den Flur zur Haustür. Bessie schaute ihm nach. Er sah sehr elegant aus in seiner neuen Jacke und mit der warmen Pelzmütze.

„Wie rücksichtslos Vater ist!" dachte Bessie. „Sieht er denn nicht, wie es um Mutter steht? Nun kann ich meinen Wunsch wegen heute nachmittag begraben. Oder – ob ich Mutter trotzdem frage? Wenn ich nicht hingehe, dann werde ich nicht in den Missionsverein aufgenommen und muß in Zukunft auf manches gesellige Beisammensein und auf die interessanten Berichte von der Arbeit auf den Missionsfeldern verzichten. Bitte ich die Mutter, dann sagt sie gewiß nur: ‚Mach, was du willst!', und dies im üblichen unfreundlichen Ton. Aber – ich will ja den Anfang machen, daß es bei uns anders wird . . ."

Auf einmal wurde Bessie aus ihrem Nachdenken aufgeschreckt. Vor ihr stand die Mutter und reichte ihr das jüngste Schwesterchen hin mit den Worten:

„Da, Betsy, nimm das Kind und sieh zu, daß es still ist, ich m u ß Ruhe haben!"

Das geschah mit so auffallender Hast, daß Bessie die Mutter erstaunt anguckte. Im nächsten Augenblick war die Mutter ins Schlafzimmer verschwunden und hatte die Tür von innen verschlossen.

„Jetzt sitze ich fest!" war Bessies erster Gedanke, und sie hätte das Schwesterchen auf ihrem Arm vor Zorn und Erbitterung am liebsten tüchtig geschüttelt. Aber sofort überwand sie die in ihr aufsteigenden bösen Gedanken und widmete sich der Kleinen.

Da klopfte es an die Haustür. Als Bessie öffnete, standen einige ihrer Freundinnen vor ihr und wollten sie zur Missionsversammlung abholen. Bessie aber antwortete freundlich: „Es tut mir leid, daß ich nicht mitgehen kann. Aber meine Mutter ist krank, und da werde ich hier gebraucht, um mich um meine kleine Schwester zu kümmern."

Eine Weile spielte sie dann mit der Kleinen. Als diese müde war, setzte Bessie sich mit ihr in den Lehnstuhl und nahm sie auf den Schoß. Ihr kam ein Lied in den Sinn, das sie lange nicht gesungen hatte. Sie dachte dabei weniger an den Text als an die Melodie, die ihr immer so gut gefiel. Mit ihrer klaren, lieblichen Stimme sang sie:

> „Jesus, Heiland meiner Seele,
> laß an Deine Brust mich fliehn,
> da die Wasser näher rauschen,
> da die Wetter höher ziehn.
> Birg mich in den Lebensstürmen,
> bis vollendet ist mein Lauf.
> Führe mich zum sich'ren Hafen,
> nimm dann meine Seele auf!"

Frau Blair war ins Schlafzimmer gegangen und dort zunächst erschöpft auf ihr Bett gesunken. Wenig später richtete sie sich ein wenig auf und starrte auf das kleine Medizinschränkchen an der Wand, in dem sich das Fläschchen mit dem Morphium befand. Ihr Kopf sank wieder zurück. Nur noch einige Augenblicke liegenbleiben, die Ruhe tat so gut, dann wollte sie das Fläschchen hervorholen und es austrinken. Und niemand würde den Verdacht schöpfen, daß sie ihrem Leben selbst ein Ende gemacht hatte. „Alle werden glauben, ich hätte wegen der Zahnschmerzen aus Versehen eine zu hohe Dosis genommen."

Gerade wollte sie das Fläschchen öffnen, da drang das Lied an ihr Ohr. Sie vernahm nicht nur die Melodie, sondern auch den Text. Sie verstand jedes einzelne Wort. Da ließ sie die Hand mit dem Fläschchen sinken. Schon als Kind hatte sie dieses Lied gekannt. Wie oft hatte ihre Mutter es gesungen! Ihre Mutter! „O, was würde Mutter sagen, wenn sie wüßte, was ich tun will!"

Johanna Blair bebte am ganzen Körper, als sie das Fläschchen in den Schrank zurückstellte. Ihre Beine versagten ihren Dienst, und sie sank wieder auf ihr Bett hin. Sie bedeckte ihr Gesicht mit beiden Händen, und dann kamen die Tränen. Endlich konnte sie weinen. Sie weinte, weinte so sehr, daß ihr ganzer Körper geschüttelt wurde. Nachdem sie ein wenig ruhiger geworden war, stiegen Erinnerungen in ihr auf. Sie sah sich als fröhliches, sorgloses Mädchen auf der elterlichen Farm unter der Obhut der Mutter. Welch ein Gegensatz zu ihrem jetzigen Leben! Und nun hatte sie Selbstmord begehen wollen! Sie erbebte bis ins Innerste.

> „Andre Zuflucht hab ich keine,
> zagend hoff ich nur auf Dich.
> Laß, o laß mich nicht alleine,
> hebe, Herr, und stärke mich!
> Nur zu Dir steht mein Vertrauen,
> daß kein Übel mich erschreckt.
> Mit dem Schatten Deiner Flügel
> sei mein wehrlos Haupt bedeckt."

So sang Bessie. Ihre Mutter hinter der verschlossenen Tür betete jedes Wort von Herzen mit.

Bessie ahnte nicht, welchen Missionsdienst sie tat, als sie ihr Schwesterchen in den Schlaf sang. Sie erfuhr es auch nie, daß ihr Singen das Mittel gewesen war, die Mutter vor dem Selbstmord zu bewahren.

„Herr, erbarm Dich meiner!" kam es von den Lippen der unglücklichen Frau. Ihre Hände, die sich jahrelang nicht mehr zu einem Gebet gefaltet hatten, waren jetzt flehend erhoben, und ihre Seele, die sich in Dunkelheit verirrt hatte, schrie zu ihrem Heiland um Erbarmen.

Johanna Trubal war ein frommes Mädchen gewesen. Vor Gottes Angesicht, von Seinem Wort unterwiesen und geführt, hatte sie eine fröhliche Jugendzeit durchlebt. Dann hatte sie wider besseres Wissen ihr Leben mit einem Ungläubigen verbunden, in der Hoffnung, daß ihre Liebe stark genug sei, auch ihn zu Gott zu führen.

Aber es war anders gekommen. In der Liebe ihres Mannes war sie getäuscht. Ihre guten Vorsätze, nach der Heirat ihren biblischen Grundsätzen treu zu bleiben, wurden vereitelt. Und dann hatte sie nach und nach jeglichen Halt verloren. Zuerst hatte sie das Gebet vernachlässigt. Ihre Hände waren von der vielen Arbeit immer so müde und ihr Kopf so schwer, daß sie keine Kraft mehr fand, ihre Seele im Gebet zu Gott zu erheben. Als dann ihre Lebenslast von Jahr zu Jahr größer wurde, als die Eltern starben und sie allein blieb mit ihrer großen Enttäuschung, mit all der Bitterkeit und Mutlosigkeit, dem ganzen Elend ihres Lebens, da hatte sie ihr Herz verhärtet – nicht nur gegen den Mann, der sie so enttäuschte, sondern auch gegen Gott, der all das, was über sie gekommen war, zugelassen hatte. Anstatt sich nun endlich wegen ihres eigenen Weges vor Gott zu demütigen und ihre Schuld zu bekennen, anstatt trotz all ihrer Not an ihrem Heiland festzuhalten, der für sie einst ein weit schwereres Kreuz getragen hat, anstatt immer wieder aufs neue von Ihm Kraft und Stärke zu erbitten und bei Ihm Geduld und Sanftmut und Ausdauer zu lernen, ließ sie Seine Hand los, verlor den Halt, der ihr Trost sein konnte, und wanderte auf einem Irrweg, bis sie an dem Rand des Abgrundes anlangte, aus dem es keine Rückkehr gibt.

Jetzt sah sie ihren Fehler ein, und wie der verlorene Sohn, der zum Vater zurückkehrte, bekannte sie: „Ich habe gesündigt gegen den Himmel und vor Dir." Jahrelang hatte sie nur das Unrecht gefühlt, das ihr selbst angetan wurde. Jetzt aber kam ihr klar zum Bewußtsein, daß all das Elend in ihrem Haus nie so schlimm geworden wäre, wenn sie, anstatt zu grollen, anstatt Versäumnis mit Versäumnissen zu entgelten, anstatt Zorn für harte Reden und Hohn für Vorwürfe zu haben, mit Sanftmut regiert hätte. Sie hatte sich nie zu den Füßen ihres Heilandes niedergelassen, um von Ihm Böses mit Gutem vergelten zu lernen. Wie ein Segenswunsch empfand sie die letzten Worte des Liedes, das Bessie sang:

> Gnad um Gnade, volle Sühnung
> sind in Dir, o Jesus, mein;
> laß die Heilung mich beströmen,
> nimm gereinigt mich hinein."

Noch lange, nachdem der Gesang verstummt war, hielt ihre Seele Zwiesprache mit ihrem Gott. Johanna Blair erhob sich gestärkt, um die Bürde des Lebens wieder aufzunehmen – mit der Hoffnung im Herzen, daß ihr himmlischer Vater ihr nicht nur die nötige Kraft schenken, sondern ihr schweres Los auch ein wenig erleichtern werde. –

Als Frau Blair dann in die Küche trat, saß Bessie dort und hielt noch immer das Schwesterchen auf dem Schoß.

„Reich mir die Kleine, Betsy, sie kann nun in ihrem Bettchen noch ein wenig weiterschlafen, sie war ja so müde. Wie bin ich dir so dankbar, Kind, daß du dich um sie bemühtest. Es tut mir nur sehr leid, dich von der Versammlung abgehalten zu haben. Vielleicht möchtest du jetzt noch ein wenig nach draußen gehen, die Sonne scheint noch so schön."

Mutters Stimme klang irgendwie anders als sonst, gar nicht so unfreundlich und unwillig. Das gab Bessie Mut, die Mutter etwas zu fragen, was sie schon lange gern einmal gewußt hätte. Sie antwortete zunächst: „Ich kann die Kleine gern noch ein wenig auf meinem Schoß behalten, bis sie ausgeschlafen hat." Und dann fragte sie:

„Mutter, warum nennst du mich immer ‚Betsy'?, alle anderen sagen Bessie."

Die Mutter sah ihre älteste Tochter kurz an und setzte sich dann an den Tisch zu ihr.

„Es ist dein richtiger Name – Betsy Alwine Blair."

„Betsy Alwine Blair. Das ist aber – kein schöner Name!"

„Mein Kind", erklärte darauf die Mutter, indem sie den Kopf müde auf die Hände stützte, „es tut mir leid, daß du ihn so häßlich findest. Dieser Name, Betsy Alwine, bedeutet mir sehr viel, es war der Name meiner Mutter. Ich erinnere mich noch gut an den Augenblick, als ich ihn für dich bestimmte. Ich saß unter dem großen Apfelbaum auf der Farm meines Vaters und hatte dich auf dem Schoß. Ich war an jenem Tag sehr glücklich. Dein

Vater war ungewöhnlich nett zu mir gewesen und hatte mich zu meinen Eltern hinausgefahren. Es war kurz nach deiner Geburt. Ich war noch sehr schwach und sollte mich auf dem Land ein wenig erholen. Ich ahnte damals nicht, daß es mein letzter Besuch daheim sein würde. Ich erinnere mich noch an jede kleinste Einzelheit. Mutter mußte auf ihrem Weg zum Stall mit ihrem Melkeimer an mir vorbei. Sie blieb stehen, neigte sich zu dir und mir herab, gab uns beiden einen Kuß und fragte mich: ‚Habt ihr der Kleinen schon einen Namen gegeben?‘ Ich schlang meinen Arm um den Hals meiner Mutter, legte den Kopf an ihre Brust und antwortete: ‚Betsy Alwine soll sie heißen. Es gibt für mich keinen schöneren Namen. Und ich weiß: Du wirst ihr deinen Segen geben, und Gott wird es schenken, daß sie genau so gut und so liebevoll wird wie du.‘ Modern ist dieser Name nicht, das weiß ich. Deinem Vater hat er auch von Anfang an nicht gefallen, er hat ihn bald in ‚Bessie‘ umgeändert. Aber mir ist Betsy immer so viel lieber gewesen, weil es i h r Name war.“

Bessie gewahrte, wie Mutters Lippen zu zittern begannen und in ihren Augen Tränen aufstiegen. Sachte trug sie das Kind, das sie noch immer auf ihrem Schoß hielt, ins Schlafzimmer, kam dann gleich wieder in die Küche zurück und setzte sich neben die Mutter, faßte deren Hand und schmiegte den Kopf an Mutters Schulter. Ein Weilchen war es ganz still in der Küche.

Dann sagte Bessie: „Mutter, ich will mich nie wieder über meinen Namen beklagen. Ich – bin dir bisher keine gute Tochter gewesen und habe dir viel Sorge und wenig Freude gemacht. Ich will versuchen, daß das anders wird. Willst du mir dabei helfen? Willst du mich nicht auch – ein klein wenig lieb haben, so, wie du damals die kleine Betsy und ihre Großmutter lieb hattest?“

Frau Blair löste langsam ihren Arm aus den Händen ihrer Tochter und strich dieser sanft und liebevoll übers Haar. „Meine liebe Betsy", sagte sie nur. Nach einer Weile fuhr sie dann fort:

„Du bist mir heute ein starker Trost gewesen, eine sehr große Hilfe. Gott segne dich, mein Kind, für das, was du getan hast. Ich war dir bisher nicht die Mutter, die ich sein sollte. Hab Geduld, es soll besser werden. Ich kann mich nicht an einem einzigen Tag anders machen. Aber mit Gottes Hilfe will ich versuchen, dir und den Kleinen eine bessere Mutter zu sein und euch allen mehr Liebe zu zeigen als bisher."

Dann gab sie Bessie einen Kuß, den ersten nach sehr langer Zeit. „Jetzt geh noch ein wenig nach draußen, Kind, ich muß mich an die Arbeit machen, wie schnell ist es Abend!"

„Nein, Mutter, heute helfe ich dir. Die Arbeit wird dir sonst zu viel. Du bist nicht richtig gesund und solltest eigentlich deine Ruhe haben. Ich fürchte du wirst sonst noch richtig krank. Ich würde gern einmal ein paar Tage aus der Schule bleiben und dir helfen, aber Vater wird es wohl nicht erlauben. Könnten wir denn nicht für einige Zeit eine Hausgehilfin in unser Haus nehmen?"

Frau Blair schüttelte den Kopf. „Daran wage ich gar nicht zu denken. Wer würde auch eine solche Stelle bei uns annehmen wollen! Mir wäre es schon eine gute Hilfe, wenn du mir heute, wo ich mich besonders unwohl fühle, noch ein wenig helfen würdest, den Tisch decken und nachher dafür sorgen, daß die Kleinen sauber zum Essen kommen und sich bei Tisch ordentlich benehmen. Ich muß mich jetzt beeilen und vorrichten und backen, unser ganzer Vorrat an Gebäck und Kuchen ist aufgebraucht."

Nachdem beide eine Zeitlang tüchtig gearbeitet hatten, fragte Bessie:

„Mutter, sind wir sehr arm? Verdient Vater nicht viel? Oder warum knauserst du immer so sehr mit dem Geld und tust alle Arbeit ohne fremde Hilfe?"

„Vater sagt mir nie, wieviel er verdient. Er gibt mir jeden Monat mein Haushaltsgeld, und damit muß ich auskommen. Manchmal ist es knapp, denn ihr alle werdet jeden Tag größer und kostet immer mehr."

„Warum gibt er dir denn nicht mehr? Er hat doch gewiß Geld genug, er fährt ja sogar fremde Leute in einem Mietschlitten spazieren."

„Mein Kind, darüber wollen wir nicht sprechen." Nach einer Weile setzte sie hinzu: „Wenn du mir einen großen Gefallen tun willst, dann bediene du heute Abend seine Gäste. Entschuldige mich bei ihnen, ich muß mich beizeiten hinlegen, ich fühle mich sehr schwach." –

Als John Blair abends mit seinen Freunden ankam, war alles bereit. Er ließ seine Gäste im Wohnzimmer Platz nehmen und kam in die Küche, um sich zu überzeugen, daß das Essen fertig war.

„Ist irgend etwas Eßbares für uns gerichtet?" fragte er Bessie, weil er seine Frau nirgends sah.

„Ja, Vater, das Abendessen wartet schon. In fünf Minuten können wir essen. Ich will nur eben noch die Kleinen hereinrufen und ihnen die Hände waschen."

„Wo ist die Mutter?"

„Mutter mußte sich wieder hinlegen, ihr ist nicht gut. Ich werde bei Tisch bedienen und den Tee einschenken."

„Ist sie brummig wegen heute mittag? Das sieht ihr ähnlich, mich mit den Gästen sitzenzulassen."

„Vater, du wirst nicht in Verlegenheit kommen. Sie hat alles sehr gut vorbereitet. Aber sie hatte ein ganz verschwollenes Gesicht und wollte sich so den Gästen nicht zeigen."

Bessie hatte nicht zuviel gesagt. Mutter hatte ein sehr schmackhaftes Mahl zubereitet. Und Bessie, die die Hausfrau bei Tisch vertrat, machte ihre Sache auch sehr gut.

„Glücklicher Mann, John", meinte einer der Gäste, ein Junggeselle, „weißt du, daß du zu beneiden bist? Eine so nette Familie, ein gemütliches Zuhause und dazu ein ordentliches Sümmchen auf der Kante. Das lasse ich mir gefallen."

„Deine Tochter ist ja fast eine richtige Dame. Wie die Zeit vergeht! Sie kann dir die Sorgenfalten von der Stirn streichen, dir die grauen Haare auszupfen und dich jung und glücklich erhalten", meinte ein anderer.

„Es tut mir leid, daß ich deiner Frau nicht persönlich ein Kompliment machen kann. Sie versteht ausgezeichnet zu backen. Ich werde an meine Mutter erinnert, sie war auch eine sehr tüchtige Hausfrau, eine Köchin ersten Ranges."

Bessie bedauerte, daß Mutter nicht dabei war und diese Worte hörte. Das Lob hätte sie gewiß für ihre Mühe ein wenig entschädigt.

Bessie gab sich viel Mühe bei Tisch und bemühte sich, die Wünsche der Gäste zu erfüllen. Die Unterhaltung der Männer ging weiter. Auf einmal wurde Bessie wieder auf das Gespräch der Gäste aufmerksam.

„Na, John, die Trumbalsche Farm wird dir einen ganz ordentlichen Batzen Geld einbringen, wenn der neue Stadtteil dort an der Claytoner Landstraße entsteht."

John Blair sah zunächst kurz zu seinen älteren Kindern hin. Es war ihm nicht recht, daß sie diese Unterhaltung mithörten. Aber sie schienen den Worten der Männer keine Bedeutung zu schenken. Dann erklärte er:

„Ja. Zum Glück habe ich das Land nie aus der Hand gegeben, obwohl es mir damals sehr schwer fiel, es zu halten. Die Hypothek war sehr hoch."

„Wie, du hast die Farm behalten, sie ist noch immer dein? Hast du sie damals wirklich nicht verkauft?" fragte ein anderer.

„Nein. So dumm ist John Blair nicht. Er weiß schon, auf welcher Seite das Brot geschmiert ist", lachte Herr Blair nicht ohne Stolz.

Ja, er hatte damals richtig überlegt. Diese Farm in der Nähe der Stadt würde nie an Wert verlieren. Heute schon, wo die geplante Erschließung des gesamten Geländes noch nicht einmal in Angriff genommen worden war, hatte man Herrn Blair bereits das Vierfache des ursprünglichen Kaufpreises für die Farm geboten.

Bessie hatte die Unterhaltung zum Teil mitbekommen. Im stillen wunderte sie sich über das gehörte, obwohl sie manches nicht ganz verstand. Sie beschloß bei der ersten Gelegenheit ihre Mutter deswegen anzusprechen. Das mußte doch die Farm sein, die Mutter von Großvater Trumbal geerbt hatte. Warum Mutter da immer so sehr sparte und sich nie eine fremde Hilfe gönnte? –

Es hatte Bessie viel Spaß gemacht, bei Tisch die Mutter zu vertreten. Sie war stolz darauf, daß alles so gut geklappt hatte. Aber nun wartete noch eine ganze Menge Arbeit auf sie. Sollte sie das alles ganz allein erledigen, abräumen und spülen, wegräumen und fegen? Doch da dachte sie wieder an ihren Vorsatz und machte sich ans Werk.

Als sie beim Spülen war, stand Willi, ihr ältester Bruder plötzlich hinter ihr und fragte:

„Na, gnädiges Fräulein, viel Arbeit heute abend?"

Bessie wollte ihn sogleich anfahren und ihn einen Faulpelz schimpfen, der nie bereit sei zu helfen. Aber sie bezwang sich und entgegnete ruhig:

„Ja, Willi. Und ich hatte mir gerade ein halbes Dutzend Heinzelmännchen gewünscht, die mit anfassen, damit Mutter weiter ruhen kann."

Wille schwieg und schaute ihr ein Weilchen zu. Auf einmal hatte er ein Trockentuch in der Hand und half beim Spülen. Anschließend räumte er ganz allein das Geschirr in den Wandschrank und fegte die Küche und auch das Wohnzimmer, während Bessie die Töpfe und Pfannen reinigte. Plötzlich waren auch Harry und Ben da und wollten helfen, aber ihre Hilfe wurde nicht mehr gebraucht.

„Ich danke dir, daß du mir geholfen hast, Willi", sagte Bessie zu ihrem Bruder, „wie wird Mutter sich freuen, wenn hier alles fertig ist. Könnten wir denn nicht immer alle so nett zueinander sein?"

„Dann mach du den Anfang, du bist die Älteste", meinte Willi.

„Es tut mir leid, daß ich euch immer ein so schlechtes Beispiel gegeben habe. Wir sollten Mutter auch nicht immer soviel ärgern."

„Du hast sie doch mehr geärgert als ich", entgegnete Willi, „du hast doch meistens zum Vater gehalten, und ich zur Mutter."

Bessie wurde rot. Wieder wollte sie aufbegehren. Aber sie mußte sich eingestehen, daß ihr Bruder recht hatte. –

Nachdem sie in der Küche fertig war, brachte sie ihre jüngeren Geschwister zu Bett. Dazu war viel Freundlichkeit und Geduld erforderlich. Gerade als sie die Kleinen zugedeckt und leise ermahnt hatte, nun still zu sein und zu schlafen, da wachte die Mutter auf.

„War ich wirklich so fest eingeschlafen? Das wollte ich doch gar nicht", rief sie Bessie zu. „Seid ihr schon mit dem Essen fertig?"

„Schlaf nur weiter, Mutter, du brauchst heute nicht mehr aufzustehen. Es ist alles fertig. Wir haben gespült und aufgeräumt, das Wohnzimmer und die Küche gefegt und Brennholz hereingetragen. Und die Kleinen liegen auch schon alle im Bett. Schlaf nur weiter bis morgen früh!"

„Ach, Bessie, mein liebes Kind . . ."

„Ich habe es nicht allein getan, Willi hat mit angepackt. Sogar Harry und Ben wollten helfen. Und das Abendessen war herrlich. Ich wünschte nur, daß du alles gehört hättest, was Vaters Gäste über dein Gebäck sagten und wie sie Vater um alles hier beneideten. Hätten wir doch mehr Besuch! Und unsere Kleinen haben sich sehr anständig benommen, so daß Vater recht zufrieden mit allem war; man konnte es seinem Gesicht ansehen."

„Anscheinend geht alles viel besser, wenn ich nicht dabei bin", meinte die Mutter nachdenklich.

„So darfst du nicht sprechen, Mutter. Ich weiß nicht woran es liegt, daß es sonst immer so unschön bei uns zugeht. Aber ich wünschte, wir könnten immer alle so glücklich sein wie heute abend."

Die Mutter lag noch immer auf ihrem Bett. Bessie setzte sich zu ihr auf den Bettrand und ergriff wieder ihre Hand. Ihr fiel ein, worüber die Männer bei Tisch gesprochen hatten. Sie fragte die Mutter:

„Mutter, bringt unsere Farm nicht so viel ein, daß du dir eine Hausgehilfin für die schweren Arbeiten halten könntest?"

„Die Farm deines Großvaters war so verschuldet, daß sie nach seinem Tod verkauft werden mußte. Der Kaufpreis deckte kaum die Hypothek."

Erstaunt blickte Bessie die Mutter an.

„Bist du sicher, daß sie verkauft wurde?"

„Ja, Kind. Dein Vater brachte mir die Papiere, und ich mußte selbst unterschreiben, sonst hätte die Farm nicht verkauft werden können, um die Schulden zu bezahlen."

„Aber sie wurde nicht verkauft. Ich habe heute abend bei Tisch selbst gehört, wie Vater einem der Männer erklärte, er sei Eigentümer der Farm, und diese sei viermal so viel wert wie vor zehn Jahren. Ich habe mich nicht verhört, und ich frage mich, warum du immer so sehr sparst und dich abplagst. Wir sind doch gewiß nicht arm."

Frau Blair erwiderte nichts. Nach einer Weile schaute sie Bessie an, sagte aber noch immer nichts. Dann schloß sie die Augen. Bessie nahm an, ihre Mutter sei zu müde, um über das gehörte nachzudenken. Später zog die Mutter ihre Tochter liebevoll an sich, küßte sie zärtlich und wünschte ihr eine gute Nacht. „Und bete für deine Mutter." —

Bessie ahnte nicht, welch einen Sturm von Empfindungen sie mit ihren Worten im Herzen der Mutter hervorgerufen hatte. Die Mutter lag noch Stunden später wach und dachte nach. Sollte es wahr sein, daß ihr Mann jetzt Eigentümer der Farm war? Wie konnte das zugegangen sein? Warum hatte er das all die Jahre hindurch vor ihr verheimlicht? Warum hatte er zugelassen, daß sie sich Tag für Tag so sehr abplagte und bis an den Rand des völligen Zusammenbruchs kam? Und warum hatte er ihr, sooft die Rede auf Geld kam, die vielen Schulden ihrer Eltern vorgehalten und sie zur Sparsamkeit ermahnt? Er mußte doch Geld genug haben, wenn er in der Lage war, eine ganze Farm zu kaufen.

Frau Blair fand keine Antwort auf ihre vielen Fragen. Das Verhalten ihres Mannes blieb ihr ein Rätsel. Und warum war er vorhin, nachdem sich seine Freunde von ihm verabschiedet hatten, zu Bett gegangen, ohne sich auch nur nach ihr umzusehen? Er wußte doch genau, wie es zur Zeit um sie stand.

Bevor John Blair einschlief, dachte er: „Mag sie jetzt noch übelnehmen und brummig sein, bis morgen hat sich das wieder gelegt."

Wie oft bedeutet ein einziges freundliches Wort, eine kurze, teilnehmende Frage der Schlüssel zum Herzen des anderen. Aber nicht selten ist dieser Schlüssel verlegt, und man kann — oder will — ihn nicht finden.—

Auch Bessie konnte lange nicht einschlafen. „Bete für mich" hatte die Mutter gesagt. Wie ganz anders war sie heute gewesen, so freundlich und geduldig. Es war für Bessie etwas ganz Ungewöhnliches, ja fast ein Wunder, daß die Mutter sich so lange mit ihr beschäftigt hatte. Und dazu auch noch der liebevolle Kuß.

„Bete für mich." Das wollte Bessie gern tun. Aber wie sollte sie das machen? Lange überlegte sie. Und je mehr sie darüber nachdachte, umso deutlicher erkannte sie, wie leer, wie arm und freudlos sie selbst war. Wie kommt es, daß ich mich nicht mehr so recht von Herzen darüber freuen kann, ein Eigentum meines Heilandes zu sein? Wie kommt es, daß ich nicht mehr so richtig glücklich bin? Wer ist schuld daran? Sind die Eltern schuld? Sind sie allein schuld, weil sie mir nie zeigten, wie man betet, beten kann, beten darf? — Oder ist es nicht doch meine eigene Schuld? — Was bedeutet mir die Liebe meines Heilandes noch, habe ich Ihn nicht sehr vernachlässigt, fast ganz aus den Augen verloren? Wann habe ich Ihm das letztemal gedankt für seine große Liebe, so richtig von Herzen gedankt? — „Wir müssen nahe am Weinstock bleiben", hatte Fräulein Fields zu ihr gesagt. Dieses Wort fiel ihr ein und ließ sie nicht mehr los. „O, Herr Jesus, vergib mir!" flüsterte sie auf einmal. Sie schlug die Decke zurück, kniete vor dem Bett nieder und bekannte ihrem Heiland aufrichtig, daß sie sehr undankbar gewesen war, daß sie Ihm, ihrem treuen Hirten nicht nachgefolgt war und deshalb auch nicht die geringste Frucht für Ihn gebracht hatte. „Wie egoistisch war ich! Immer dachte ich nur an mich. Wie wenig Geduld hatte ich mit den Kleinen! Und wie unschön habe ich mich oft der Mutter gegenüber benommen! Oft führte ich Dein Wort im Mund, dachte dabei aber nur an die Fehler anderer . . ."

Diese Stunde wurde zu einem Wendepunkt in Bessies Leben. In ihrem Herzen wurde es still, und sie empfand einen tiefen Frieden. Sie hatte zum erstenmal bewußt erlebt, was es heißt, das Wort Gottes auf sich persönlich anzuwenden und die Macht des Gebets zu erproben.

Und dann konnte sie auf einmal auch für ihre Mutter beten. Es wurde ein langes Gebet, das auch den Vater und die jüngeren Geschwister mit einschloß.

Am anderen Morgen, lange vor Tagesanbruch, war Frau Blair schon in der Waschküche tätig. Sie richtete alles für die große Wäsche her. Unter dem mächtigen Wasserkessel an der Kaminwand flackerte bereits das Feuer, und in der Mitte des Raumes war der große Holzbottich aufgestellt, in welchem die heiße Wäsche nach dem Kochen Stück für Stück mit den Händen saubergerieben werden mußte.

Kurz vor sechs Uhr weckte sie ihren Mann. Sie bereitete ihm das Frühstück und packte seine Tasche. Während dieser ganzen Zeit überlegte sie, ob sie ihn wegen eines kleinen Geldbetrages ansprechen sollte, den sie für eines ihrer Kinder dringend brauchte. Gerade, als ihr Mann seine Tasche ergriff und sich verabschieden wollte, überwand sie ihre Angst und ihren Stolz und sprach ihn an:

„John, könnte ich nicht ein wenig Geld von dir haben, nur ein klein wenig. Ich brauche es dringend."

„Wieso? Der Monat ist doch noch lange nicht herum, und du hast schon kein Geld mehr?"

„Nein, John, ich habe nichts mehr. Aber ich brauche es dringend für die Kleine. Gib es mir etwas früher als sonst – nur diesmal."

„Kann ich nicht begreifen, warum du nicht mit deinem Geld auskommst. Ich gebe dir doch wirklich genug!"

„John, nur diesmal. In diesem Winter ist vieles teurer geworden, du überlegst nicht . . ."

Das hätte sie nicht sagen sollen. „Ich überlege nicht. Das hör sich einer an! Ich überlege nicht! Sei ohne Sorge, Frau, ich überlege schon richtig! Wenn der Monat zu Ende ist, dann bekommst du auch dein Geld!" Damit zog er die Tür hinter sich zu und verließ das Haus.

Mit einem Seufzer kehrte Frau Blair wieder an den Waschbottich zurück. War sie ihrem Mann nicht freundlich entgegengekommen? Hatte sie ihre Bitte nicht freundlich genug ausgesprochen? Ihr wollte der Mut sinken. Würde es ihr je gelingen, was sie sich vorgenommen hatte? „O, Herr, steh mir bei! Gib mir die Kraft, die ich brauche! Zeige mir, daß Du mir helfen

174

willst, ihm eine bessere Frau zu sein! Laß mich nicht wieder bitter werden . . ."

Auf einmal stand Bessie hinter ihr.

„Kind, was willst du so früh hier?"

„Guten Morgen, Mutter. Was ich hier will? – dir helfen."

„Nein, Kind, geh ruhig wieder ins Bett, das hier ist keine Arbeit für dich."

„Aber Mutter, laß es mich doch wenigstens einmal probieren. Zeig mir, was ich machen kann!"

„Du mußt in die Schule! Vater wird zornig, wenn er hört, daß du die Schule versäumt hast."

„Das habe ich nicht vor, Mutter. Bis zur Schule sind es noch gut zwei Stunden, und so lange helfe ich dir bei der Wäsche."

Wenig später stand Bessie an dem hohen Holzbottich und rieb die einzelnen heißen Wäschestücke auf dem hölzernen Waschbrett. Die Mutter stand ihr gegenüber und sah die gewaschenen Stücke noch einmal genau durch, wusch hier und da nach, rang sie aus und trug sie zu einem anderen Bottich, der mit kaltem Wasser gefüllt war. Bessie ließ sich alles genau zeigen und erklären und gab sich viel Mühe. Es war ihr schon nicht leicht gefallen, so früh aufzustehen. Aber die Arbeit hier in der Küche setzte ihr gewaltig zu. Sie hätte nie gedacht, daß Waschen ein so mühsames und kräftezehrendes Werk war. Bald perlte ihr der Schweiß von der Stirn, ihre beiden Arme taten weh, und der Rücken schmerzte empfindlich.

„Mutter, wie hältst du das bloß durch, einen ganzen Tag lang hier zu stehen, zu waschen und zu spülen? Halte dir doch endlich auch eine Waschfrau wie Frau Nobel oder Frau Brown!"

„Wenn ich das könnte, dann würde ich das gern tun. Aber es geht nicht. Und deshalb wollen wir weiter kein Wort darüber verlieren."

Dann setzten sie sich ein wenig, um eine kleine Pause einzulegen.

„Es ist erstaunlich", meinte die Mutter, „wieviel ein Mensch aushalten kann, wenn er muß. Ich habe das hier nun schon fünfzehn Jahre hindurch getan, und die Anzahl der Wäschestücke wurde mit jedem Jahr größer."

„Meinst du nicht, daß es Gott ein Kleines ist, dir dieses Los ein wenig zu erleichtern?"

„Das hat Er schon getan – durch dich, mein Kind."

Tag für Tag bemühte sich Bessie, ihrer Mutter zu helfen. Sie übernahm viele kleine Arbeiten und kümmerte sich auch immer wieder um ihre kleinen Geschwister. Und gerade dieses letztere erforderte viel Geduld von ihr, bedeutete aber für die Mutter eine sehr spürbare Entlastung. So kam es schließlich ganz von selbst, daß Bessie sich jeden Tag neu von ihrem himmlischen Vater die notwendige Kraft erbitten mußte, um durchzuhalten und nicht mutlos zu werden. Ihr Glaube wurde oft auf die Probe gestellt, vor allem durch Harry und Ben, die es nicht lassen konnten, sie zu hänseln und zum Streit herauszufordern. Selbst Willi setzte ihr manchmal zu. Eines Abends meinte er bei Tisch: „Bald werden wir eine Heilige im Haus haben. Ich warte schon auf den Glorienschein um Bessies Haupt. Wir könnten sie gut die ,Heilige Elisabeth' heißen."

Herr Blair wurde aufmerksam. „Was soll das, Willi?"

„Nun, sie ist ganz anders geworden, eine richtige barmherzige Schwester ist sie. Sie ist ewig am Aufräumen, kehrt, wischt Staub, näht Knöpfe an, macht Besorgungen in der Stadt und paßt auf die Kleinen auf. Sie hilft sogar beim Waschen. Ich hätte nicht gedacht, daß ihre Arbeitswut so lange anhalten würde. So war Bessie doch früher nicht."

„Johanna, hast du sie das geheißen? Du verlangst doch wohl nicht zu viel von dem Kind. Bessie ist noch viel zu jung für diese Arbeiten."

„Ich habe es sie nicht geheißen. Sie tut es freiwillig, das wird sie dir bestätigen können."

„Kind, ich glaube, du brauchst tatsächlich ein wenig mehr frische Luft", meinte er dann, als er zu Bessie hinsah. Er war nicht wenig stolz auf seine Älteste und nahm sie gern mit in die Stadt, um sich bei seinen Freunden und Bekannten mit ihr zu zeigen. „Wir werden am Sonntag eine Schlittenfahrt machen, damit die Rosen auf deinen Backen wieder mehr blühen."

„Ach, Vater, ich fühle mich aber durchaus nicht krank und brauche keine Erholung. Ich würde während der Zeit lieber Mutter helfen."

Als dann der Sonntag kam, sagte Frau Blair zu ihrer Tochter:

„Geh mit ihm, Bessie. Ich werde wohl auch wieder einmal allein mit meiner Arbeit fertig. Hol deinen Mantel und fahr mit deinem Vater."

„Ich möchte lieber hierbleiben. Eigentlich solltest d u einmal ausgefahren werde, du hast es wirklich nötig. Gerade dir würde diese Entspannung in der frischen Luft sehr guttun."

„Kind, – sag nichts mehr, sonst gibts wieder Ärger. Du hast mir die ganze letzte Woche hindurch soviel geholfen und dir dieses kleine Vergnügen reichlich verdient. Es kostet ja auch nicht allzu viel."

Inzwischen hatte sich Herr Blair im Schlafzimmer für die Schlittenfahrt zurechtgemacht, setzte sich nun noch seine Pelzmütze auf und machte sich dann mit seiner Tochter auf den Weg zum Droschkenplatz.

„Vater, darf ich einen Vorschlag machen?"

„Ja, was hast du auf dem Herzen?"

„Gib mir das Geld, das die Schlittendroschke kostet, und wir gehen anstatt zu fahren zu Fuß durch die Sonne. Das ist noch gesünder."

„Mm – was willst du denn mit dem Geld?"

„Ich – ich – wollte für morgen eine Waschfrau bestellen."

„Wie, bitte, eine Waschfrau? Wozu denn? Deine Mutter hat doch die Wäsche bisher immer selbst besorgt – genau so wie all die vielen anderen Frauen hier in der Stadt."

„Aber diese Frauen sind auch stärker als Mutter. Und gesünder. Siehst du denn nicht, wie sie aussieht? Nur noch Haut und Knochen. Sie steht vor dem Zusammenbruch."

Herr Blair sah, daß seiner Tochter Tränen in den Augen standen.

„Mach dir keine Sorgen um deine Mutter, Bessie. Das liegt in ihrer Familie, ihr Vater war auch so schmächtig und beklagte sich oft."

„Vielleicht mußte er auch schwerer arbeiten, als gut für ihn war. Er war noch gar nicht so alt, als er starb."

„Der und schwer arbeiten! Daß ich nicht lache! Der hat sich nicht totgearbeitet."

Sie gingen ein Weilchen schweigend weiter. Hatte Vater denn gar kein Einsehen?

„Ich habe vergangene Woche selbst bei der Wäsche geholfen. Du glaubst nicht, wie schwer diese Arbeit ist. Mutter hat immer ganze Berge schmutziger Wäsche, und es dauert länger als zwei Tage, bis alles wieder sauber und gebügelt ist. Und dabei hat sie doch auch noch den Haushalt und die Kinder − und dann auch das schreckliche Zahnweh. Wenn du nicht erlaubst, ihr eine Waschfrau zu besorgen, dann helfe ich ihr, und wenn es noch so schwer ist."

„Das läßt du schön bleiben, das verbiete ich dir! Deine Mutter ist auf dem Land aufgewachsen und schwere Arbeit gewohnt, du nicht."

„Dann ist es Zeit, daß ich mich daran gewöhne. Nachher heirate ich, und dann verstehe ich nichts vom Haushalt und werde

auch dauernd gescholten –" Bessie schwieg plötzlich still und
biß sich auf die Lippen. Soviel hatte sie nicht sagen wollen.

Der Vater fuhr herum. Zornig sah er sie an: „Hat dir das deine
Mutter eingeblasen?"

„Nein, Vater, ganz gewiß nicht. Ich bin selbst alt genug, um zu
sehen und zu hören. Ich – wollte dich eben nicht ärgern. Ich
weiß, daß du es nicht so böse meinst, wie es klingt. Und ich habe ja auch gar keine Ursache, dir Vorwürfe zu machen. Ich
selbst muß mich schämen, weil ich bisher so wenig Rücksicht
auf Mutter nahm. Immer dachte ich nur an mich und wollte
dauernd schöne Kleider und Schuhe haben und fein sein und
überlegte gar nicht, daß Mutter das alles bezahlen mußte. Und
nun hat sie selbst nicht das allernotwendigste zum Anziehen.
Wie schäbig ihre Kleider sind! Und zum Zahnarzt kommt sie
auch nicht. Sie müßte unbedingt hin, sie quält sich ja Tag und
Nacht! Vater, wenn Großvaters Farm wirklich soviel wert ist,
dann könntest du Mutter doch ein wenig mehr Geld geben, die
Farm gehörte doch auch ihr."

„Aber Bessie, du hast doch deiner Mutter hoffentlich nichts
von der Farm erzählt?" fragte Herr Blair ganz aufgeregt.

„Doch, Vater. Durfte ich das nicht? Ich habe sie darüber ausge-
fragt. Und sie behauptet, sie habe den Kaufvertrag unterschrieben, die Farm sei verkauft."

„Hast du ihr alles gesagt, was ich unserem Besuch erzählte?"

„Ja. Aber – ich verstehe nicht, warum Mutter nicht weiß, daß
die Farm jetzt dir gehört."

„Laß gut sein, Kind. Das brauchst du noch nicht zu verstehen."

Und nach kurzem Nachdenken fügte er noch hinzu: „Ich will es nicht haben, daß du und deine Mutter euch heimlich über solche Dinge unterhaltet, das sind meine Angelegenheiten. – Guck mal dort drüben, Bessie, ist das nicht unser Willi? Schau dir den Kerl an, wie er Schlittschuhlaufen kann! Schau, er gewinnt den Wettlauf!"

Bessie sah den Kindern auf der Eisbahn ein Weilchen zu. Dann wandte sie sich wieder zu ihrem Vater und fragte höflich:

„Bekomme ich jetzt das Geld, Vater?"

Herr Blair zögerte einen Augenblick, dann zog er seine Geldbörse hervor, gab seiner Tochter das gewünschte Geldstück und verabschiedete sich kurz von ihr, um noch, wie er sagte, einen guten Bekannten zu besuchen.

Die Unterhaltung mit seiner Tochter hatte Herrn Blair ein wenig aus dem Gleichgewicht gebracht. Wie dachte Bessie über ihn? Sie war sein Lieblingskind, und er konnte sich nicht vorstellen, daß sie innerlich von ihm abrückte. Er glaubte ihr, wenn sie ihm versicherte, daß die Mutter sie nicht gegen ihn aufhetzte, und daß sie alt genug sei, „selbst zu sehen und zu hören". In Zukunft würde er sich in seinen Gesprächen bei Tisch besser in acht nehmen müssen.

Ja, die Farm gehörte ihm. Darauf war er sehr stolz. „Soll Johanna ruhig im Glauben bleiben, das Anwesen sei verkauft. Dann kommt sie mir auch nicht dauernd mit neuen Sonderwünschen. Hätte ich ihr damals gesagt, daß ich die Farm selbst übernehme, dann wäre es mir nie gelungen, die Hypothek so schnell abzutragen. Die Frauen können alle nicht sparen. Haben sie viel Geld in den Händen, dann geben sie auch viel Geld aus. Da sind sie alle gleich. Gut, wenn sie sich früh ans Sparen gewöhnen." So überlegte Herr Blair, während er durch die Stadt schlenderte. – Johanna Blair hatte damals den Vertrag wirklich selbst unterschrieben. Ihr Mann hatte ihn ihr zugleich mit einer ganzen Anzahl weiterer Akten zum Unterschreiben vorgelegt und es so einzurichten gewußt, daß sie sich nicht persönlich überzeugte, an wen die elterliche Farm wirklich überging. –

Nachdem sich Bessie von ihrem Vater verabschiedet hatte, kehrte sie nach Hause zurück. Nun hatte sie endlich das gewünschte Geld in der Hand, aber sie konnte sich nicht so richtig darüber freuen. War es recht von ihr gewesen, sich in dieser Weise in die Angelegenheiten ihrer Eltern einzumischen? Vor dem Schlafengehen kniete sie wie gewohnt nieder und überdachte noch einmal all ihr Tun und ihr Verhalten den Tag über. Und da mußte sie sich eingestehen, daß es ihr doch noch sehr an Geduld und am Wartenkönnen mangelte. Hatte sie nicht versucht Gott zu helfen, damit Er endlich eine Änderung bei Blairs herbeiführte? Vielleicht war ‚Seine Zeit' noch gar nicht gekommen. –

Am selben Abend suchte Herr Blair einen jungen Zahnarzt auf, der erst vor wenigen Wochen seine Praxis eröffnet hatte, und vereinbarte mit diesem einen Termin für seine Frau. –

Am nächsten Morgen sagte Herr Blair zu seiner Frau, die ihm die Frühstückstasche packte:

„Ich habe dir für heute morgen einen Termin beim Zahnarzt vereinbart. Laß dir jetzt deine schlechten Zähne in Ordnung bringen."

„O, John, wie kannst du nur so etwas machen! Ich kann jetzt unmöglich zum Zahnarzt gehen. Es müssen Zähne gezogen werden, und dazu bin ich gesundheitlich zur Zeit gar nicht in der Lage."

„Immer widersprechen, immer widersprechen! Das hätte ich doch schon vorher wissen können, daß du ‚nein' sagst!"

„John, ich will dir nicht widersprechen. Sowie ich mich besser fühle, gehe ich zum Zahnarzt, aber heute nicht. Es geht wirklich nicht."

„Du wirst dich nicht eher wohlfühlen, bis deine Zähne in Ordnung sind. Ich habe dich für zehn Uhr angemeldet, und du gehst hin!"

Das waren seine letzten Worte, ehe er das Haus verließ. –

Als Bessie erfuhr, was ihr Vater angeordnet hatte, wurde sie bleich vor Angst. Sie machte sich nun noch mehr Vorwürfe, daß sie wegen Mutter mit ihm gesprochen hatte. Sie sollte heute nicht in die Schule gehen, sondern die Mutter während ihrer Abwesenheit vertreten. Weil montags auch gewaschen wurde, hatte Bessie, die ja jetzt das nötige Geld besaß, mit Einwilligung der Mutter eine ältere Frau aus der Nachbarschaft gebeten, einmal die Arbeit in der Waschküche zu übernehmen. Frau Miller machte sich dann auch gleich an die Arbeit, und Bessie half ihr, wenn sie nicht gerade auf ihre jüngeren Geschwister aufpassen mußte. Nach gut einer Stunde fragte Bessie:

„Frau Miller, dauert es immer so lange, Zähne ziehen zu lassen?"

„Nein, das geht meistens sehr schnell."

„Was kann denn da passiert sein? Mutter wollte doch schon spätestens nach einer Stunde wieder hiersein."

„Vielleicht macht sie unterwegs noch ein paar kleine Einkäufe."

„Das kann ich mir nicht gut denken. Mutter kauft ganz selten selbst ein. Sie kennt hier in der Stadt niemanden und geht fast nie aus dem Haus."

„Wenn ich ehrlich sein soll, Kind — mir gefiel sie nicht, als sie zum Zahnarzt ging. Sie hätte vielleicht doch nicht gehen sollen, zumindest nicht allein. Eine solche Operation dauert zwar nicht lange, kann aber gefährlich sein."

Da band Bessie ihre Schürze ab und wollte zum Zahnarzt laufen, um sich nach ihrer Mutter zu erkundigen. Aber gerade in dem Augenblick fuhr vor dem Haus ein Wagen vor, und Bessie sah den ihr gut bekannten Doktor Oldham aussteigen. Ihm folgte ein fremder Herr. Und dann sah Bessie, wie sich die beiden Männer wieder dem Wagen zuwandten und zu zweit eine Frau heraushoben. Es war Bessies Mutter.

Frau Blair hatte die Augen geschlossen und sah aus wie eine Tote.

„Wo ist das Schlafzimmer, Kind?" fragte der Arzt und bat Frau Miller, ihm zu helfen, die Mutter ins Bett zu bringen.

„Ist sie — tot?" hörte Bessie Frau Miller fragen.

„Nein, aber sie ist sehr krank. Sie muß schon vorher sehr schwach gewesen sein, und da war das Betäubungsmittel viel zu stark für sie."

Den ganzen Nachmittag bemühten sich der Arzt und Frau Miller um Bessies Mutter. Gegen Abend bekam sie hohes Fieber und sprach fortwährend in wirren, zusammenhanglosen Sätzen. Auch wollte sie, als es draußen dunkel wurde, nicht mehr im Bett bleiben. Doktor Oldham sprach immer wieder beruhigend auf sie ein, aber ihre Unruhe wurde von Minute zu Minute größer.

Bessie kümmerte sich um ihre jüngeren Geschwister. Sie wäre gar zu gern auch bei der Mutter gewesen, aber sie konnte die Kleinen nicht allein lassen. Diese hatten gesehen, wie die fremden Männer die Mutter ins Haus trugen und saßen seitdem scheu und bleich und völlig verängstigt in der Küche.

Als Herr Blair heimkam, liefen ihm seine Kinder weinend entgegen.

„Na, was ist denn jetzt los?"

„Mutter war beim Zahnarzt, und jetzt ist sie schrecklich krank!" riefen sie im Chor.

„Dummes Zeug! Ich muß jetzt mein Abendessen haben, wo ist eure Mutter?"

„Im Schlafzimmer. Der Doktor und Frau Miller sind bei ihr und lassen uns nicht hinein."

Da ging Herr Blair ins Schlafzimmer. Kaum hatte er die Tür geöffnet und hineingeschaut, da schrie seine Frau in panischer Angst:

„Da ist er! Fort, fort! Nein, nein, – er will mich umbringen! Hilfe! Hilfe!"

Ihre Stimme überschlug sich, und sie starrte voll Entsetzen zur Tür hin. Sie bebte am ganzen Körper.

Der Arzt trat schnell auf Herrn Blair zu und führte ihn aus dem Zimmer. Draußen sah er ihn streng an:

„Herr Blair, bleiben Sie von ihrem Bett weg, bis ich Ihnen ausdrücklich erlaube, das Zimmer wieder zu betreten. Was Ihre Frau allein noch retten kann, ist absolute Ruhe! – und keinerlei Aufregung!" Dann ging der Arzt wieder ins Schlafzimmer zurück.

Frau Blair war ohnmächtig geworden. Als sie wieder zu sich kam, redete sie so verworren, daß sie überhaupt nicht mehr zu verstehen war. Nur das Wort ‚Betsy' glaubte der Arzt ab und zu herauszuhören. Da schickte er Frau Miller in die Küche, um Bessie zu rufen.

Als Bessie die Mutter sah, stockte ihr der Atem. Sie schlich leise zu ihrem Bett hin, kniete nieder, ergriff die Hand der Mutter, drückte einen Kuß darauf und streichelte sie zärtlich. Die Kranke hob den Kopf, sah sich zunächst suchend im Zimmer um, und dann erkannte sie ihre Tochter:

„Betsy."

„Ja, Mutter. Ich bin bei dir. Bleib ruhig liegen. Schlaf dich aus. Ich bin bei dir. Es ist alles gut. Schlaf nur."

Bevor Doktor Oldham nach Hause fuhr, hatte er eine längere Unterredung mit Herrn Blair. Er wies ihn genau an, was nun im einzelnen zu geschehen habe. Vor allem solle eine erfahrene Pflegerin ins Haus genommen werden, die sich ständig um die Kranke bemühen könne. Aber davon wollte Herr Blair zunächst nichts wissen. Das könnte er sich nicht leisten, meinte er. Als dann auch noch die Rede auf den Zahnarzt kam, schimpfte er los:

„So ein Stümper!"

„Wußten Sie, daß ihre Frau zum Zahnarzt wollte?" fragte Doktor Oldham.

„Natürlich. Ich hatte ja den Termin vereinbart."

„Dann haben Sie dem Zahnarzt nichts vorzuwerfen. Es wäre Ihre Pflicht gewesen, zunächst etwas für die Gesundheit Ihrer Frau zu tun, anstatt sie in diesem erbärmlichen Zustand – und dazu noch so überstürzt – zum Zahnarzt zu schicken!"

„Ich wußte nicht, daß das so wesentlich ist, sich ein paar Zähne ziehen zu lassen", entgegnete Herr Blair.

„Das Ausziehen selbst war das wenigste, – der Zahnarzt hat ja nur zwei gezogen, aber das Betäubungsmittel hätte sie um ein Haar das Leben gekostet. Und sie ist jetzt noch nicht über den Berg. Ihre Frau war körperlich und auch mit ihren Nerven total am Ende, sahen Sie das denn nicht? Wie durften Sie das so weit kommen lassen! Ich hatte Ihnen früher schon mehrmals gesagt, daß das Ihrer Frau zu viel wird, fast jedes Jahr ein Kind dazu, aber nie Ruhe, nie eine Entlastung, nie eine Atempause! Ich habe Sie gewarnt, früh genug! Ihre Frau hätte sich zu Tode geschafft – und Sie hätten zugeschaut! Haben Sie denn keinen Verstand, kein Herz? Sie ist doch die Mutter Ihrer Kinder! Was hätte Ihre Frau denn noch alles tun müssen, um Sie zufriedenzustellen? Daß sie nun so da liegt, das ist Ihr Werk, Ihre Schuld!"

Das waren harte Worte für Herrn Blair, der in seinen eigenen Augen stets rechtdenkend, rechtschaffen, ja, in jeder Hinsicht ohne Tadel war. Sie trafen ihn doppelt hart, weil sie ihm zeigten, wie man außerhalb seines Hauses über ihn dachte. –

In ihren Fieberphantasien durchlebte Frau Blair noch einmal manche bittere Szene aus den letzten Jahren ihrer Ehe. In klagenden Bitten und zornigen Anklagen, in erschütternden Weinkrämpfen und heftigem Aufbegehren brachen die Gefühle ihres Herzens aus ihr heraus. Zum erstenmal wurde sich John Blair bewußt, was er jahrelang an seiner Frau verschuldet hatte.

Es folgten lange Tage und lange Nächte voll bangen Hoffens. Sowohl Herrn Blair als auch seinen Kindern wurde der Wert einer Mutter überdeutlich bewußt. Obwohl sich Bessie alle Mühe gab und abends todmüde ins Bett sank, fehlte doch mit der Mutter im Haus und in der Familie die Triebfeder, die das ganze Räderwerk in Gang hielt. Überall und zu jeder Stunde vermißten alle ihre fleißigen Hände, die sie bis dahin so wenig geschätzt hatten.

Bessie mußte nicht nur ihre jüngeren Geschwister versorgen, sondern sollte auch, so hatte es Doktor Oldham empfohlen, jede freie Minute zur Mutter hineingehen und sich zu ihr setzen. Das würde, so hatte der Arzt erklärt, der Kranken mehr helfen als alle Arznei.

Herr Blair hatte nacheinander mehrere Mädchen aus der Stadt als Haushilfe eingestellt. Aber sie waren jeweils nur wenige Tage geblieben. Sie erklärten, es könne niemand die viele Arbeit in dieser Familie tun und dabei auch noch die Ungezogenheit der Kinder und das ständige Nörgeln des Hausherrn ertragen.

Das jüngste Kind, kaum ein Jahr alt, brauchte die meiste Pflege, und weil niemand dafür zu bekommen war, mußte sich Herr Blair nun selbst damit abmühen. Es fiel ihm sehr schwer, denn er hatte sich ja nie um die Erziehung und Wartung seiner Kinder gekümmert. Von Tag zu Tag erkannte er mehr, welch schwere Last seine Frau hatte tragen müssen.

Nun kamen ihm auch immer wieder die Worte seiner ältesten Tochter in Erinnerung, die diese vor wenigen Tagen auf dem kurzen Spaziergang durch die Stadt zu ihm gesprochen hatte: „Ich bin alt genug, um zu sehen und zu hören." Sie wirkten jetzt wie ein ständiger Stachel und ließen sein Gewissen nicht zur Ruhe kommen. Wie selbstsüchtig, wie egoistisch war er gewesen, wie unfreundlich und rücksichtslos! Wenn Johanna sterben würde, hatte er dann nicht selbst ihren Tod verschuldet?

Und nun war niemand da, mit dem er sich hätte aussprechen können, bei dem er sich Rat, ja Trost holen konnte. Wo waren denn jetzt all seine Freunde? Zum erstenmal empfand er das Gefühl vollständiger Vereinsamung. Das Leben seiner Frau hing nach Aussagen des Arztes an einem dünnen Faden. Würde dieser zerreißen, dann müßte er allein weiterleben mit einem belasteten Gewissen, mit einer schweren Schuld.

„Vater!" sprach ihn eines Abends Bessie an, und zugleich legte sich ihre Hand auf seine Schulter, er saß am Tisch und hatte seinen Kopf auf seine Hände gestützt, „laß uns zu Gott beten, daß Er Mutter am Leben erhält. Ich habe schon so oft gebetet — vielleicht erhört Gott uns, wenn du mit mir betest."

Da zog Herr Blair seine Tochter an sich. „Kind, ich kann nicht beten, ich weiß nicht, wie — man das macht. Gott — kennt mich nicht, und ich — kenne Ihn nicht. Wie soll Er da auf mich hören?"

„Er hat versprochen: ‚Wer zu mir kommt, den werde ich nicht hinausstoßen.' Und wer im Glauben bittet, wird erhört. Willst du nun mit mir beten, wenn ich zu Ihm rede?"

Bessie hatte einen Arm um den Hals des Vaters geschlungen, und ihre Hand lag in seinen Händen. Ohne auf seine Zustimmung zu warten, begann sie laut zu beten. Sie bekannte zunächst ihrem himmlischen Vater, wie lieblos und undankbar sie bisher alle zueinander und besonders der Mutter gegenüber gewesen seien. Dann gedachte sie der Mutter, die so sehr krank sei und von allen so sehr vermißt werde. „Laß sie doch bitte bald wieder gesund werden und zu Kräften kommen. Und laß uns nie wieder so gleichgültig und gedankenlos sein, sondern froh und glücklich, wie Nobels drüben, oder Millers, die Dich auch kennen . . ." – Herr Blair sagte „Amen" und drückte seine Tochter fest an sich.

Die Familie Blair blieb in den folgenden Wochen doch nicht ganz ohne Freunde und Anteilnahme von außerhalb. Als Fräulein Fields, Bessies Sonntagsschullehrerin, von Frau Blairs Kranksein erfuhr, kam sie sofort, um ihre Hilfe anzubieten. Es gelang ihr auch bald, für die täglichen Arbeiten im Haus eine ältere, kräftige Frau zu gewinnen, die willens war, die kranke Hausfrau zu vertreten. Sie hatte sich jedoch vorbehalten, nur dann zu bleiben, wenn sich die Kinder anständig betragen würden. Zu Herrn Blair sagte sie: „Ich komme nur Fräulein Fields zuliebe zu Ihnen. Sorgen Sie dafür, daß die Jungen nicht frech sind." Dann wandte sie sich zu den Jungen: „Ihr sagt ‚bitte' und ‚danke', wie sich das gehört, verstanden? Sobald Ihr euch danebenbenehmt, schnüre ich mein Bündel und gehe. Nun wißt ihr alle Bescheid!" – Frau Brigitte erwies sich als eine sehr gute Hilfe. –

Dann kam endlich der Tag, an dem Doktor Oldham Frau Blair

außer Lebensgefahr erklärte und auch von der Möglichkeit einer völligen Genesung sprach. „Es wird aber noch eine Zeitlang dauern", meinte er zu Herrn Blair gewandt, „und Sie müssen noch viel Geduld haben."

Für Bessie war die Zeit von Mutters schwerer Erkrankung eine echte Prüfungszeit. Es stellte sich bald heraus, daß es ihr mit ihrem Vorsatz, ihren jüngeren Geschwistern ein gutes Vorbild zu sein, ernst war. Zwar fiel es ihr nicht leicht, im Umgang mit diesen, besonders mit Harry und Ben, die nötige Geduld und Langmut aufzubringen, und sie mußte ihr natürliches Temperament oft zügeln. Aber sie war immer wieder bereit anzupacken und zu helfen, wo es nottat, und an Anlässen dazu fehlte es nie. Dabei lernte sie, was Fräulein Fields vor einigen Wochen so dringend angeraten hatte: Gott jeden Tag neu um Seine Hilfe zu bitten.

„Du bist die Älteste", hatte Willi gesagt, „mach du den Anfang und geh mit gutem Beispiel voran!" Und weil das wirklich ihr Wunsch war, schenkte Gott ihr auch das Gelingen. Sogar den Jungen blieb es nicht verborgen, daß sie sich gegenüber früher verändert hatte. „Du bist in der letzten Zeit ganz anders als früher, man kommt viel besser mit dir aus", meinte Ben eines Abends, als Bessie ihn zu Bett brachte. Darüber freute sie sich im stillen sehr, denn gerade Ben war es, der ihre Geduld am meisten auf die Probe stellte. –

Frau Blairs Zustand besserte sich nur sehr langsam. Es schien, als nähme sie an ihrer Genesung selbst gar keinen Anteil, als könne sie sich gar nicht so recht freuen, daß ihr das Leben wieder neu geschenkt wurde. Nachdem sie allmählich ein wenig zu Kräften kam, dachte sie mehr und mehr an die Zukunft. Sie sah all die Mühsal der letzten Jahre wieder neu auf sich zukommen. Zwar verhielten sich ihre Kinder, die nun jeden Tag einmal für einige Minuten zu ihr ans Krankenbett durften, ihr gegenüber viel ruhiger und ehrerbietiger und zankten sich auch nicht mehr so viel wie früher. Aber was war mit ihrem Mann? Warum kam er nicht ein einziges Mal zu ihr? War er ärgerlich und zürnte ihr, weil sie solange krank war? Sie hörte ihn nun wieder täglich zur Arbeit fortgehen und abends heimkommen. Aber ihr fiel auf, daß sie ihn schon lange nicht mehr hatte schimpfen und nörgeln hören.

Eines Abends meinte sie zu Bessie:

„Mein Kranksein kostet gewiß sehr viel Geld. Der Arzt muß bezahlt werden und auch Frau Brigitte. Und Vater hatte viel Verdienstausfall. Ich müßte mich jetzt aufraffen und wieder an die Arbeit gehen, aber ich bin noch sehr schwach. Hätte ich doch auch ein wenig mehr Mut, wieder neu anzufangen."

„Ach, Mutter, das erwartet doch niemand von dir, daß du jetzt schon aufstehst und arbeitest. Das würde Doktor Oldham auch nicht erlauben. Mach dir doch nicht soviel Sorgen um die Zukunft. Gott weiß doch, wie es um uns steht."

Nach einer Weile ergriff die Mutter Bessies Hand, schaute ihre Tochter gespannt an und fragte dann:

„Bessie, sag mir aufrichtig, — warum kommt Vater niemals hier ins Zimmer?"

„Doktor Oldham hat es ihm verboten, weil es dich, als du krank wurdest, so sehr aufregte."

„Verboten?"

„Ja, Mutter. Aber Vater käme so gern einmal zu dir. Soll ich ihm sagen, daß er einmal nach dir sieht?"

Die Mutter schien lange zu überlegen. Schließlich antwortete sie:

„Ach, mein Kind, – laß mich noch ein wenig ruhen. Die Stille hier tut so gut. Ich – fürchte mich vor dem, was wohl wieder auf mich zukommt . . ."

„Mutter, du brauchst keine Angst zu haben. Es wird alles ganz anders sein. Wir Kinder haben alle etwas gelernt durch dein Kranksein. Und Vater würde sich sehr freuen, wenn du wieder aufstehen könntest. Nicht wegen der vielen Arbeit, sondern – er fühlt sich so allein. Er würde sehr gern einmal mit dir sprechen. Daß du so krank wurdest, ist ihm sehr zu Herzen gegangen. Er tut mir so leid." –

Am Abend, als Bessie noch ein wenig bei ihrem Vater im Wohnzimmer saß, sagte sie:

„Vater, ich habe den Eindruck, Mutter wünscht gar nicht so sehr, wieder gesund zu werden, und alle Arznei und auch die gute Pflege nützen wenig . . ."

„Das ist kein Wunder. An ihrer Stelle würde es mir genau so ergehen."

„Aber, Vater, haben wir denn nicht dafür gebetet, daß Gott sie wieder gesund machen möchte . . .?"

„Gewiß, Bessie. Doch ich weiß auch, warum Mutter sich vor der Zukunft fürchtet." Und dann standen Herrn Blair auf einmal große Tränen in den Augen. „Kind, was bin ich für ein liebloser Mann gewesen, herzlos und ohne Rücksicht vom ersten Tag unserer Ehe an!" Und dann erzählte er seiner Tochter in großer Offenheit so manches aus seiner Ehe, anfangend mit den ersten Tagen, in denen er auf der Trumbalschen Farm ein- und ausgegangen war und seine Frau kennengelernt hatte. „Wie zärtlich ging deine Mutter mit ihren Eltern um! Das hat mich damals immer wieder sehr beeindruckt. Und wie zärtlich und liebevoll war sie nachher dann auch zu mir! Und ich? Wie garstig habe ich mich ihr gegenüber benommen – jahrelang! Ich kann es nie mehr gutmachen!"

Es war spät, als Bessie endlich Schlaf fand. Zuvor hatte sie alle im Haus, die Geschwister, die Mutter, den Vater und auch sich selbst der Gnade Gottes anbefohlen. Sie war dann eingeschlafen mit der festen Zuversicht, daß nun doch noch alles gut werden könnte. –

Wieder vergingen einige Tage. Dann, an einem Sonntagnachmittag, war Herr Blair ganz unvermittelt ins Krankenzimmer gegangen. Als Bessie später nach der Mutter schauen wollte und die Tür öffnete, bot sich ihr ein ganz ungewöhnliches Bild. Die Mutter saß, mit Kissen gestützt, aufrecht im Bett, und ihr Kopf ruhte an Vaters Schulter. Sie hielten einander an den Händen. Den liebevollen Blick, mit dem Vater die Mutter ansah, würde Bessie nie vergessen. Sie wollte die Tür sofort wieder leise schließen und davonschleichen. Aber ihr Vater hatte sie gesehen und rief ihr zu:

„Komm nur herein, Bessie, wir haben nichts dagegen, daß du uns so siehst."

Da ging Bessie auf ihre Eltern zu und umschlang sie mit ihren Armen. „Ich bin so glücklich!" Mehr brachte sie vor Freude nicht heraus.

Hans Kohl

„Geehrte gnädige Frau!
Wie ich in der Zeitung gelesen habe, wünschen Sie einen neuen Hausdiener, und ich bitte sagen zu dürfen, daß Hans Kohl ist beinah dreizehn, und ich kann Silberzeug putzen, was mein Bruder, der auch Hausdiener ist, mich gelehrt hat. Ich kann bei Tisch bedienen und verstehe Fenster und Stiefel zu reinigen. Hans Kohl hofft, Sie werden mich kommen lassen. Ich fordere hundert Mark, wenn Sie die Wäsche übernehmen, zwanzig weniger. Hans Kohl will Ihnen treu dienen und hofft Ihre Zufriedenheit zu erlangen. Ich kann morgen kommen.

Hans Kohl"

(Nachschrift:) „Er ist nicht sehr groß, aber im Wachsen. Mein Bruder hat eine sehr gute Größe. Ich bin scharfsinnig, kann lesen und schreiben, auch mit Zahlen rechnen, wenn Sie es wünschen."

Auf meine Anzeige in unserer Tageszeitung wegen eines Hausdieners hatte ich mehrere Antwortschreiben bekommen. Bei ihrer Durchsicht kam mir zuletzt auch ein Schreiben in die Hände, von dem das oben abgedruckte Briefchen eine genaue Abschrift wäre, wenn ich nicht hinsichtlich der Rechtschreibung eine ganze Anzahl Verbesserungen vorgenommen hätte.

Das Briefchen steckte in einem selbstgefertigten Umschlag, war auf liniertes Papier geschrieben und zeigte nicht wenige Tintenkleckse. Trotzdem zeugte der kleine Brief von soviel Ehrlichkeit und Unbefangenheit seines Schreibers, daß ich, neugierig geworden, ihn noch einmal aufmerksam las. Ich versuchte mir den Schreiber vorzustellen, diese anscheinend nicht gerade große Person „beinah dreizehn", die stolz war auf die „sehr gute Größe" des Bruders, die mir – falls ich die „Wäsche übernehmen" würde – zwanzig Mark nachlassen wollte und mir „treu zu dienen" versprach.

Während ich ein wenig später auf unserem Freisitz saß und Briefe schrieb, wurde ich plötzlich angesprochen. Ich sah von meiner Arbeit auf, und da stand mir ein fremder Junge gegenüber. Es war ein ganz kleiner Bursche mit so großen blauen Augen, wie ich sie noch nie zuvor gesehen hatte. Der Anzug, den er trug, war ihm um mindestens zwei Nummern zu groß, war aber heil und sauber. In der einen Hand hielt der Junge in einem großen bunten Tuch zusammengeknotet ein Bündel, in der anderen Hand einen Strauß Feldblumen, denen man ansah, daß sie einen weiten Weg in der Sonnenhitze hinter sich hatten.

„Wer bist du, mein Junge? Hast du einen Wunsch?" fragte ich.

Nach dieser Frage legte der Junge die Blumen auf mein Tischchen, zog die Mütze ab, trat einen Schritt zurück und sagte mit eigentümlich tiefer Stimme:

„Bitte, gnädige Frau, es ist Hans Kohl, und ich bin gekommen, um bei Ihnen zu wohnen. Ich habe all meine Kleidung und Wäsche mitgebracht."

Der kleine Bursche vor mir war also Hans Kohl in eigener Person. Und er hatte tatsächlich die feste Absicht, sich bei uns als Hausdiener zu verdingen. Ich sah immer wieder in seine großen Augen, die mich hell und zuversichtlich anstrahlten. Aber der Junge erschien mir für die Pflichten eines Hausdieners nun doch wirklich noch viel zu klein zu sein.

„Du bist aber für eine solche Tätigkeit noch recht klein“, erwiderte ich, „und ich befürchte, daß du all das, was von einem Hausdiener erwartet wird, noch nicht zu leisten vermagst. Und zudem hättest du warten sollen, bis ich dich aufgefordert hätte, bei mir vorzusprechen.“

„Ich weiß“, antwortete der Junge, indem er sein Bündel verlegen im Kreis drehte, „ich weiß, daß ich nicht sehr groß bin, wenigstens nicht an Höhe. Aber meine Arme sind lang, sie reichen bis weit über meinen Kopf. Und ich bin stark. Sie sollten nur sehen, wie ich unseren schweren Marktkorb hebe, wenn er voll Kartoffeln ist für den Markt. Ich bin schon heute gekommen, denn unser Peter sagte: ‚Sieh dich sofort nach dieser Stelle um! Ich weiß, was es heißt, ohne Stelle zu sein. Tue, was ich dir rate, Hans! Es werden sich gewiß noch mehr Jungen um diese Stelle bewerben, und wenn du wartest, hast du das Nachsehen.‘ Deshalb bin ich sofort gekommen, gnädige Frau. Und jetzt bin ich hier.“

„Aber wie sieht das mit einem Zeugnis aus, Junge, du mußt doch jemanden angeben können, der mir bestätigt, daß du tüchtig und ehrlich bist. Ich bestehe stets auf einem guten Zeugnis, bevor ich jemanden anstelle. Der letzte Hausdiener, den ich hatte, brachte mir auch ein Zeugnis von seiner vorigen Dienstherrschaft mit, der er drei Jahre lang treu gedient hatte.“

„O“, sagte Hans erstaunt, „war er drei Jahre in einem Haus, bevor er zu Ihnen kam? Wie hat er nur die Stelle aufgeben können, in der er sich doch sicher wohlfühlte! Wenn ich drei Jahre bei Ihnen gewesen bin, dann gehe ich sicher nicht so schnell von Ihnen fort, um mir eine andere Stelle zu suchen. Nein, das mach ich nicht."

Darauf erklärte ich: „Junge, es ist nicht nur allein von dem Angestellten abhängig, ob er länger bleibt, sondern auch von seiner Dienstherrschaft. Sie entscheidet, ob er länger bleiben kann oder nicht."

„Vielleicht hat er irgend ein Unrecht begangen, und man hat ihn vor die Tür gewiesen", murmelte Hans, „so ein Dummkopf!"

„Nun, Hans, wegen eines Zeugnisses", fragte ich noch einmal, „an wen könnte ich mich wenden? Du bist zwar noch sehr klein, aber ich könnte einen Versuch mit dir wagen und dich als Hausdiener einstellen, bestehe aber auf der Vorlage eines Zeugnisses. Werden die Leute, bei denen dein Bruder beschäftigt ist, dir eins ausstellen? Kennen sie dich?"

„O Ja!" rief der kleine Bursche eifrig, „ich weiß, Peter wird sie um ein Zeugnis bitten. Da ist Fräulein Edith. Ich habe ihr oft die Stiefel geputzt. Einmal kam sie mit sehr schmutzigen Schnürstiefeln nach Hause und mußte gleich wieder fort. Zum Ausziehen der Stiefel hatte sie anscheinend keine Zeit. Da kam sie mit ihrem Hund in den Stall und sagte zu meinem Bruder: ‚Peter, leg den Hund an die Leine, und dieser kleine Bursche da‘ – sie zeigte dabei auf mich – ‚mag meine Stiefel reinigen.‘ Sie hielt mir einen Fuß nach dem anderen hin, und ich reinigte ihr die Stiefel. Dafür bekam ich fünf Groschen. Seitdem hat mich Peter morgens immer ihre Stiefel putzen lassen. Fräulein Edith wird mir sicher ein Zeugnis geben, wenn Peter sie darum bittet."

Gerade in diesem Augenblick wurde Besuch gemeldet. Ich schickte deshalb den Jungen in die Küche. Er sollte dort auf mich warten und sich etwas zu essen geben lassen. Ich wies ihn auch an, seine Blumen mitzunehmen. Da sah er mich ein wenig verlegen an, als ob er sich schämte, sie mir angeboten zu haben. Er sammelte sie vom Tisch auf, stäubte mit den Ecken seines roten Taschentuches einige Blätter und Schmutzteilchen vom Tischtuch und sagte leise: „Ich wußte nicht, daß Sie selbst so viele schöne Blumen haben dort in den Glastöpfen. Da will ich meine der Köchin schenken." Er nahm also seine Blumen mit in die Küche, und ich wandte mich meinem Besuch zu. –

Es war ein schwüler Tag, und deshalb verbrachten wir unser Plauderstündchen an dem schattigen Platz unter den großen Bäumen vor unserem Wohnzimmerfenster. Ich klingelte unserem Hausmädchen, damit sie uns eine kleine Erfrischung bereite. Als Marie kam, machte sie ein recht unzufriedenes Gesicht. Seit unser früherer Hausdiener nicht mehr bei uns war, hatte sie mich schon mehrmals wissen lassen, daß ihr die Arbeit zu viel werde. Sie sei wirklich nicht in der Lage, ,einhändig' all meine Wünsche zu erfüllen. So nahm ich auch jetzt an, daß wir längere Zeit auf unsere Limonade, auf die Erdbeeren und die Sahne warten müßten.

Zu meiner großen Überraschung aber kam Marie innerhalb kurzer Zeit mit allem, was ich ihr aufgetragen hatte, zu uns auf den Freisitz. Und was mich am meisten erstaunte: Die Schüsseln und die Kannen waren äußerst geschmackvoll dekoriert. Augenscheinlich war eine geübte Hand am Werk gewesen. Wer konnte das gewesen sein? Marie sicherlich nicht.

Meine Erdbeerschüssel war mit einem Kränzchen von blauen und weißen Zaunwindenblüten umgeben, aus denen die roten

Erdbeerfrüchte hell herausleuchteten. Auch die Sahnekanne war ähnlich geschmückt, und die Limonadenflasche zeigte ein Kränzchen mit gelben Blüten. Meine Gäste und ich waren entzückt. Immer wieder betrachteten wir den schönen Blütenschmuck.

Nachdem sich meine Gäste verabschiedet hatten, ließ ich Hans Kohl rufen. Zunächst jedoch erschien Frau Winter, die Köchin. Offenbar hatte sie etwas auf dem Herzen. Als ich sie nach ihrem Wunsch fragte, antwortete sie:

„Wenn ich bitten darf, gnädige Frau – darf ich fragen, ob Sie ernstlich daran denken, den kleinen Burschen anzustellen, der in der Küche wartet?"

„Weshalb fragen Sie danach, Frau Winter?"

„Nun, gnädige Frau", antwortete die Köchin, indem sie freundlich lächelte, „es steht mir zwar nicht zu, Ihnen einen Vorschlag zu machen, aber – wenn ich etwas sagen darf – ich habe den Eindruck, daß der Kleine sehr geschickt, sehr gewandt und umsichtig ist. Als Marie wegen der Limonade in die Küche kam und unzufrieden viel Aufhebens machte wegen all der vielen Arbeit, da hätten Sie den Jungen sehen sollen. Er sprang auf, ließ Butterbrot und Milch stehen und bat uns: ‚Gebt mir bitte die Früchte. Ich werde eine feine Limonade machen. Peter hat es mir oft genug gezeigt. Wo ist die Obstpresse? Ich wasche mir eben schnell die Hände, in einer Minute gehts los.' Und schon war er an der Arbeit. Ich reichte ihm alles an, und im Handumdrehen war die Limonade fertig. Dann fragte er, wo wir die Sahne kaufen und besorgte sie in wenigen Augenblikken. Nun, gnädige Frau, macht er sich Sorge, ob er hier bleiben darf. Er wird Ihnen ganz sicher treu dienen. Soeben sprachen zwei weitere junge Männer vor und fragten wegen der freigewordenen Stelle hier im Haus. Sie hätten sehen sollen, wie da der kleine Bursche zitterte. ‚Sprechen Sie doch bitte einmal mit der gnädigen Frau wegen mir', bat er mich. Und da nahm ich mir die Freiheit, wegen des Jungen selbst bei Ihnen vorzusprechen. Er gefällt mir, und aus ihm kann sicher noch etwas Ordentliches werden."

Mit diesen Worten verließ die Köchin das Zimmer, und im nächsten Augenblick stand Hans wieder vor mir. In den blauen Augen schimmerten Tränen. Was mochte es für den Jungen bedeuten, von mir abgewiesen zu werden!

„Nun, Hans", sagte ich, „ich habe mich soeben entschlossen, dich probeweise für einen Monat einzustellen. Ich werde den Dienstherrn deines Bruders anschreiben und ihn wegen eines kurzen Zeugnisses für dich bitten. Wenn dieses Zeugnis gut ausfällt, kannst du bleiben."

„Und ich darf jetzt schon bleiben, bitte?" fragte er überglücklich, „darf ich hierbleiben, bis Sie Antwort bekommen haben? Es wäre so am besten. Ich kann mich ja im Stall aufhalten, wenn Sie mich nicht gern im Haus haben wollen, bis Sie Antwort auf Ihren Brief bekommen haben."

„Nein, Hans", erwiderte ich, „ich denke, daß ich dir vertrauen kann, und du sollst hier im Haus bleiben. Doch jetzt geh in die Küche zu Frau Winter. Wasch dich und ruh dich ein wenig aus. Heute abend wird sich zeigen, ob du bei Tisch aufwarten und bedienen kannst."

„Danke, ich danke ihnen von ganzem Herzen", sagte der Kleine mit freudestrahlendem Gesicht, „ich will mich sehr anstrengen und alles tun, was Sie von mir erwarten." Damit entfernte er sich rasch. Ich konnte ihm ansehen, daß er jetzt, wo für ihn die Ungewißheit vorbei war, seiner Freude kaum noch Herr war.

Als ich wieder allein war, machte ich mir doch noch einmal allerlei Gedanken, wegen dieses fremden Jungen. Hatte ich vielleicht zu leichtsinnig gehandelt, als ich ihn so ohne jede Empfehlung ins Haus nahm? Was würde mein Mann sagen, wenn er heimkam? Er war für längere Zeit auf einer Geschäftsreise im Ausland, und ich konnte ihn deshalb wegen des Jungen nicht um seinen Rat fragen. Sicher würde mein Mann sagen: „Man sollte einem fremden Jungen nicht so ohne weiteres trauen. Vielleicht steckt er mit irgend einer Diebesbande unter einer Decke. Erkundige dich hinreichend über ihn, bevor du ihm zusagst." Und sicher würde mein Mann mit vollem Recht so sagen. Aber — es fällt mir schwer, auf die Stimme der Vernunft zu hören, wenn sie auf einen Weg hindeutet, der der Regung des Herzens schnurstracks zuwiderläuft. Und eben deshalb unterließ ich es dann schließlich auch, mich wegen eines Zeugnisses über den Jungen zu bemühen.

Hans Kohl blieb also. Und als ich abends ins Eßzimmer trat, war er da. Sein Gesicht glänzte vor Sauberkeit, seine Locken hatte er offensichtlich auch gründlich eingeseift, um sie bändigen zu können. Auf seine drängende Bitte hin hatte Marie ihm Jacke und Hose meines früheren Hausdieners gegeben. Hans hatte dann die beiden Kleidungsstücke mit beachtlichem Geschick selbst enger und kürzer gemacht, und nun stand er in dieser Livree mit ihren vergoldeten Messingknöpfen dienstbereit vor mir. Und weil er eine Vorliebe für leuchtende Farben hatte, war er anscheinend besonders stolz auf seine roten Socken. Aus seinen Jackenärmeln, die bei der Änderung etwas zu kurz geraten waren, schauten die Manschetten seines hellblauen Flanellhemdes hervor.

Immer wieder mußte ich zu dem kleinen Burschen hinsehen.

Es fiel mir schwer, ein Lächeln zu unterdrücken, weil er sich so zurechtgemacht hatte. Aber seine Augen schauten mich offen und mit soviel Diensteifer an, daß ich mein Lächeln unterdrückte.

Das Bedienen bei Tisch fiel ihm dann sehr schwer. Es war ihm völlig ungewohnt. Obwohl er sich jede erdenkliche Mühe gab, kam es doch zu mehreren kleinen Zwischenfällen, bei denen eine Schüssel zu Bruch ging und das Tischtuch bekleckert wurde. Marie, die ihm ein wenig helfen sollte, schüttelte immer wieder den Kopf, wenn sie sah, wie er die Speisen von der falschen Seite anreichte oder beim Vorlegen das Besteck nicht richtig hielt. Einmal wurde Hans vor lauter Aufregung so unsicher, daß er eine Serviette ergriff und mit hochrotem Kopf aus dem Zimmer eilte. Als er ein wenig später wieder erschien, hatte er sich wieder gefaßt und schien sich seiner großen Verantwortung als Hausdiener in einem der vornehmsten Häuser der Stadt voll bewußt zu sein.

Hans war anstellig. Er gab sich unendlich viel Mühe. Aber das Aufwarten bei Tisch machte ihm viel Kummer. Es war ihm etwas völlig Neues. Und doch mußte ich mir nachher sagen, daß der Junge seine Sache trotzdem noch recht gut gemacht hatte. Er hatte sich angestrengt, und das war mir wichtig. Ich war überzeugt: Hans Kohl konnte ein guter Hausdiener werden.

Am folgenden Morgen begrüßte mich ein geschmackvoll gebundener Blumenstrauß auf meinem Frühstückstisch. Als Hans, nachdem er schon ohne besonderen Auftrag über eine Stunde in unserem Garten gearbeitet hatte, im Zimmer erschien, erkannte ich sogleich, daß er schon fest zu den Hausbewohnern gerechnet wurde. Bogie, mein Wachtelhündchen, sonst fremden Menschen gegenüber sehr mißtrauisch, sprang um ihn herum, und unsere alte Elster, sonst auch sehr wählerisch im Hinblick auf Fremde, thronte auf seiner Schulter und schlug zutraulich mit ihren Flügeln.

„Guten Morgen, Hans", begrüßte ich den Jungen, „du hast ja schon tüchtig im Garten geschafft, bist also kein Langschläfer, oder?"

„Nein", antwortete er errötend, „ich bin gewöhnt, zeitig aufzustehen. Zu Hause gab es gerade morgens früh immer viel zu tun. Ehe ich zu Peter ging, mußte ich meinem Vater helfen. Meist war es schon sieben Uhr, bevor ich zu meinem Bruder kam. Aber ich hatte ja auch einen Fußweg von über einer halben Stunde bis hin zu ihm. – Darf ich jetzt das Frühstück bringen?"

Nachdem ich zugestimmt hatte, machte sich Hans ans Werk. Diesmal war er allein. Marie war nicht mitgekommen, und das war mir auch lieb. Der Junge mußte lernen, seine Aufgaben allein zu bewältigen, auch wenn das nicht ganz leicht für ihn war. Aber ich hielt dann doch den Atem an, als mein neuer Hausdiener mit dem Frühstückstablett ins Zimmer trat. Es war ganz sicher viel zu schwer für ihn, aber er brachte es doch heil bis zur Anrichte. Dann aber sah mich der Junge verlegen an. Wie ging es jetzt weiter? Wo mußte die Kaffeekanne hingestellt werden und wo das Körbchen mit dem Brot? Wo kam die Serviette hin, und wo mußte das Besteck liegen?

„Hans", beruhigte ich den Jungen, „ich will dir heute morgen einmal zeigen, wie hier im Haus das Frühstück serviert wird. Ich weiß, daß es nicht in allen Häusern gleich ist. Deshalb gib gut acht, damit du es lernst, wie ich es gern haben möchte." Und dann zeigte ich es ihm. Seine großen Augen folgten sehr aufmerksam jeder meiner Bewegungen. Nichts schien ihm zu entgehen. Als er anschließend selbst noch einmal alles an seinen richtigen Platz stellen sollte, unterlief ihm kein einziger Fehler. Und von diesem Tag an hatte ich nie mehr Veranlassung, ihn wegen einer Unachtsamkeit beim Servieren meines Frühstücks tadeln zu müssen.

Zwar zeigte sich in den folgenden Tagen doch hin und wieder, daß mein Hausdiener eigentlich noch zu klein war für seine Aufgaben. Aber er war so eifrig bei all seinen Pflichten und auch aufmerksam, daß ich mich schnell an ihn gewöhnte.

Einmal fielen die ersten Sonnenstrahlen der Morgensonne so hell auf meinen Frühstückstisch, daß ich sehr geblendet wurde. Hans bemerkte es und versuchte sofort, die Gardinen zuzuziehen. Weil er jedoch so klein war, langte er mit seiner Hand nicht an die Schleuderstange. Immer wieder versuchte er es, aber es war vergeblich. Doch Hans gab nicht auf. Zunächst schaute er mich verlegen an. Dann fragte er mich höflich: „Bitte, gnädige Frau, darf ich mir einen alten Stuhl aus der Halle holen? Ich bin — nicht groß genug für die Schleuderstange. Morgen früh werde ich sie früh genug zugezogen haben, wenn es wieder so sonnig ist." Ich nickte ihm zu. Und schon trug er einen Stuhl herbei, und es gelang ihm, die Gardine zuzuziehen. Dabei fielen mir seine roten Socken auf. Ich ahnte an jenem Morgen nicht, welch großen Schrecken einer dieser roten Socken mir später einmal einjagen würde.

Am Abend dieses Tages erkundigte ich mich bei Frau Winter wieder über meinen neuen Hausdiener. Sie erklärte mir, daß nicht nur sie, sondern auch die anderen Hausangestellten sich schon recht gut an den kleinen Burschen gewöhnt hätten. Sie lobte seine Reinlichkeit und seine unbedingte Wahrheitsliebe und freute sich besonders auch über seine altklugen Redewendungen, durch die er sich unbewußt über manche kleine Verlegenheit hinweghelfe. In der Küche, wo Frau Winter das

Regiment führte, schien Hans also inzwischen recht gern gesehen zu sein.

Gerade jetzt drang vom offenen Küchenfenster her ein herzliches Lachen zu mir herauf. Anscheinend saß mein Hauspersonal noch zu einem Plauderstündchen beisammen, und Hans belustigte sie durch einige kleine Episoden aus dem Leben seines Bruders Peter. An diesem Bruder schien Hans mit allen Fasern seines Herzens zu hängen, und es galt ihm als höchste Pflicht, ein Peter einmal gegebenes Versprechen zu halten.

„Sie kennen unseren Peter nicht, Frau Winter", sagte Hans eines Abends nach getaner Arbeit. „Er ist ein prima Kerl. Er hilft mir immer, wenn das nötig ist. Er hat mich gern. Aber ich würde niemals etwas tun, was er mir verboten hat. Und das ist gut so. Als ich noch kleiner war, nahm ich einige große gelbe Pflaumen aus einem Körbchen, die unser Vater für den Markt gepackt hatte, und aß sie. Bis heute weiß ich nicht, wie ich dazu kam, so etwas zu machen. Ich weiß aber noch — es waren so schöne, große Pflaumen, so groß wie Eier und gelb wie Gold mit bläulichen Schatten darüber. Vater war sehr darauf bedacht, daß die Früchte nicht zu viel angefaßt wurden, und ich mußte sie stets mit frischen Blättern gut bedecken. Es war ein glühend heißer Tag, und ich war müde, weil ich seit vier Uhr morgens mit den Körbchen zu tun gehabt hatte. Als ich die Pflaumen zudeckte, berührte ich sie. Sie fühlten sich so zart, so samtartig und so schön kühl an. Und sie waren so saftig. Da glaubte ich, ich m ü s s e eine essen. Und ich tat es. In jedem Körbchen waren sechs Pflaumen. Und nun lagen in diesem einen Körbchen nur noch fünf. Und deshalb fiel das narürlich auf, daß da eine fehlte. Da aß ich die anderen fünf auch noch und warf das leere Körbchen ins Gebüsch. Gleich darauf kam der Vater und sagte zu meinem Bruder: ‚Peter, zähl die Körbchen, es müssen vierzig Stück sein, zwanzig für Frau Meister und zwanzig für Frau Mohr.' Beide gehörten damals zu unseren besten Kunden. Peter zählte dann nach und stellte fest, daß eins der Körbchen fehlte. Er sah kurz umher und entdeckte auch gleich das leere Körbchen. Meine Angst wurde immer größer. Hätte ich doch früh genug bekannt, was ich gemacht hatte! Jetzt war es zu spät.

,Hans', sagte Peter, ,komm her! Wie kommt das leere Körbchen in diesen Strauch? Sprich, Junge!'

Ich glaubte, Peters Augen gingen mir geradezu mitten ins Herz, um die Wahrheit herauszuholen. ,Sprich!' sagte er noch einmal. ,Wenn du sie gestohlen hast, so sage es mir, und du wirst deine Strafe bekommen. Wenn du mir aber etwas vorlügst, dann wirst du Prügel bekommen, an die du dein ganzes Leben lang denken wirst. Also – hast du die Pflaumen gestohlen oder nicht?'

Ich konnte weiter nichts tun, Frau Winter, als den Kopf hängen lassen und stottern: ,Ja, Peter, ich habe sie gestohlen.'

,Hans, schäm dich! Du hast gestohlen. Ich muß dich dafür bestrafen. Aber bevor ich dich durchhaue, gibst du mir ein Versprechen: Hans', – und dabei hatte Peter Tränen in den Augen – ,Junge, bekenne dich stets zu deinem Unrecht! Gib zu, wenn du etwas gemacht hast, was du nicht darfst! Bleib ehrlich, und wenn die Strafe noch so hart ist! Wenn du dir mit Lügen hilfst, werden die Schmerzen, die dann bleiben, viel schlimmer sein als Schläge.'

Und dann bekam ich meine Strafe. Peter schlug fest zu. Ich habe aber nicht geheult und mich nicht beschwert, obwohl unser

Peter nicht zimperlich war mit dem Stock. Ich wußte, daß das so richtig war für mich. Peter meint es immer gut mit mir."

Frau Winter und Marie hatten Hans interessiert zugehört. In solchen Augenblicken konnten sie dem Jungen bis auf den Grund der Seele sehen.

„Nun Schluß für heute", mahnte Frau Winter, „es ist schon spät. Bring den Hunden ihr Futter, und dann ins Bett, Junge!" Wenig später verkündete fröhliches Hundegebell, daß Hans mit dem Füttern seiner vierbeinigen Lieblinge beschäftigt war.

„Es ist ein seltsames Kerlchen", meinte Marie, bevor auch sie ‚Gute Nacht' sagte, „einmal könnte man lachen, wenn er von seinem Peter erzählt, und im nächsten Augenblick kommen einem die Tränen. Aber — der Junge gefällt mir."

Auch Frau Winter dachte abends oft lange nach über das, was Hans von zu Hause erzählte. Sie hatte den Jungen ins Herz geschlossen.

Hans gewann nach und nach unser aller Vertrauen. Seine ‚nicht gute Größe' verursachte auch weiterhin manche kleine Schwierigkeit, aber jeder im Haus war gern bereit, ihm darüber hinwegzuhelfen. Er überraschte uns oft damit, wie er sich durch selbstgebasteltes Werkzeug zu helfen wußte. Eine ganze Anzahl Arbeiten in Haus und Garten verrichtete er mit einem Stab, an dessen oberem Ende ein einfacher Haken mit einem Dorn angebracht war.

Die Zeit verging. Weil mein Mann im Ausland war und unsere meisten Bekannten irgendwo Urlaub machten, bekamen wir selten Besuch, und es war meist sehr ruhig in unserem Haus. Erst im Herbst, wenn unsere Familie wieder vollständig sein würde, wollten wir wieder in die Stadt ziehen und dort den Winter verbringen. Ich freute mich schon darauf, denn dann würde auch meine Schwester mit ihren Kindern zu mir kommen.

Mir war schon mehrfach aufgefallen, daß Hans sich nicht zu freuen schien, wenn ich von unserem geplanten Umzug in die Stadt sprach. Er wurde dann meistens ganz still. Schon der Gedanke an die Stadt schien ihn zu beunruhigen, obwohl er noch nie dort gewesen war. Eines Abends, als er wieder einmal von seinem Peter erzählte, bekannte er mir offen, daß er sich vor der Stadt fürchtete. Peter hatte dort schon mehrere sehr unangenehme Erfahrungen gemacht, und das war nun auch für Hans Grund genug, wenn möglich die Stadt zu meiden.

„Hans", versuchte ich den Jungen zu beruhigen, „wenn du dich in der Stadt zurückhältst und dich nicht gleich mit jedem Unbekannten einläßt, – vor allem aber Gott vor Augen und im Herzen hast, dann ist die Gefahr dort nicht größer als hier."

Und da war noch etwas, das dem Jungen offensichtlich Not machte. Er scheute sich noch immer, bei Tisch aufzuwarten, wenn ich Gäste hatte. Trotz all meines Zuredens und meiner Hilfe blieb er ängstlich und unsicher, auch wenn nur wenige Gäste am Tisch waren. Und weil ich im Winter in unserer Stadtwohnung oft und viel Besuch haben würde, sorgte ich mich, ob der Junge seiner Aufgabe auch gewachsen sei. Aber der Gedanke, ihn wieder zu entlassen, kam mir nicht mehr. Der kleine Bursche in seiner dunkelbraunen Livree mit den vergoldeten Knöpfen, der netten Krawatte, den sauberen Händen, dem sorgsam gebürsteten Haar und den hellroten Socken war aus unserem Haus nicht mehr wegzudenken.

Hans wurde offensichtlich von verschiedenen Laufburschen in unserer Nachbarschaft beneidet. Als eines Tages einer dieser Jungen an unserer Haustür läutete und für mich von einer Bekannten eine Nachricht abgeben wollte, versuchte er, Hans über mich und über unser Haus auszufragen. Da hörte ich Hans mit seiner eigenartig tiefen Stimme sagen: „Ich denke, es ist besser, du gehst jetzt wieder. Ich habe meine Arbeit zu tun, und die deinige wartet gewiß auch auf dich." Dann hörte ich, wie die Tür geschlossen wurde und Hans seine Arbeit wieder aufnahm. –

Mitte Oktober zogen wir wieder in die Stadt. Der Umzug nahm uns alle sehr in Anspruch. Dabei war Hans übereifrig. Denke ich heute daran zurück, dann frage ich mich, wie der kleine Bursche das alles hat schaffen können. Wurde etwas vermißt, Hans fand es. Galt es, einen Knoten zu lösen, Hans hatte sein Taschenmesser zur Hand. Seine Schultern trugen die gleichen Lasten wie die der starken Männer. Er begegnete mir einmal auf der Treppe mit einer Kiste so groß und schwer, daß er gut selbst hätte darin Platz finden können, versicherte mir aber, sie sei ihm nicht zu schwer. „Gnädige Frau, ich bin Ihnen so dankbar, daß ich bei Ihnen sein darf, und ich bekomme so gutes Essen, daß ich gern anpacke. Machen Sie sich bitte wegen mir keine Sorge."

Ja, Hans war schon ein wenig kräftiger geworden, und ohne Zweifel war er auch glücklich. Und ich hatte, das ging mir durch den Sinn, eigentlich auch nie das geringste Mißtrauen gegen ihn empfunden, seit er an jenem Sommertag mit seinen welken Blumen und seinem schäbigen Anzug auf unserem Freisitz vor mir gestanden hatte.

Endlich hatten wir uns in der Stadt eingerichtet. Die Wintersaison begann. Unser Haus stand im Westen der Stadt, in einer sehr ruhigen Umgebung. Hinter dem Wohnhaus lag ein Garten, und am Ende des Gartens stand ein Stallgebäude mit einer kleinen Wohnung im Obergeschoß für den Kutscher. Alle unsere Nachbarn waren angesehene und begüterte Leute, und es mangelte uns nie an Kurzweil und Unterhaltung, denn fast jeden Tag waren wir in einem der Nachbarhäuser zu Gast, und freitags hatten wir selbst Gäste. Trotzdem habe ich mich, wenn ich heute an jene Zeit zurückdenke, in unserem schönen Landhaus weitab von der Stadt stets wohler gefühlt.

Morgens war es in unserem Stadtteil besonders still. Erst gegen elf Uhr begann das Leben auf der Straße. War aber dann die Mittagszeit vorbei, dann fuhren Kutschen vor. Viele unserer Nachbarn ließen sich zu Bekannten fahren und blieben dort bis gegen Abend, oft auch bis in die Nacht.

Auch wir bekamen viel Besuch. Dann öffnete Hans die Haustür und bat die Gäste herein. In dieser Hinsicht war er seinen Aufgaben völlig gewachsen, ja, er freute sich, wenn der Freitag kam, sein großer Tag. Tadellos gekleidet, mit einem weißen Kragen, der ihm sicher sehr unangenehm sein mußte, ihn aber um einige Zentimeter größer erscheinen ließ, stand er dann in der Halle, bereit, sofort zu öffnen, wenn es läutete. Wie ein geborener Hausdiener geleitete er die Gäste ins Vorzimmer, half ihnen die Mäntel ablegen und wußte dabei stets jeden der einzelnen Gäste auch richtig anzureden.

Das kleine Gewächshaus, das sich an unsere Halle anschloß, war sein besonderer Stolz. Jede freie Minute war er dort tätig. Wie geschickt er die Hängekörbchen zu ordnen wußte, und mit welcher Sorgfalt pflegte er Blumen und Farne! Manche Mark opferte er gern, um mir mit einer neuen Topfblume eine

Freude zu machen. Seinen monatlichen Lohn schickte er regelmäßig nach Hause und behielt für sich nur das Taschengeld, das ihm unsere Gäste für seine Aufmerksamkeit schenkten. –

Nach der Rückkehr meines Mannes konnten wir nicht umhin, einige gute Bekannte zum Essen einzuladen. Dachte ich dabei an Hans, dann tauchten meine Sorgen wieder auf wegen seines Aufwartens bei Tisch. Würde der Junge alles schaffen?

In unserem Eßzimmer lag als Kaminteppich ein riesiges Bärenfell. Da der Fußboden aus poliertem Eichenholz bestand, war es nicht ungefährlich, auf das Fell zu treten, denn es rutschte sehr leicht unter den Füßen weg. Sogar unsere Hunde scheuten es, über das Fell zu laufen.

Am ersten Tag nach der Rückkehr meines Mannes waren meine Schwester und ein Freund bei uns zu Tisch. Wir hatten kurz vorher über Hans gesprochen, und dabei hatte mein Mann starke Bedenken über meinen neuen Hausdiener geäußert und sich über diesen sogar lustig gemacht. Zumindest hätte ich nach der Meinung meines Mannes auf einem schriftlichen Zeugnis bestehen sollen. Er sagte zu mir:

„Du brauchst dich nicht zu wundern, wenn demnächst eine Diebesbande vom Land uns einen nächtlichen Besuch abstattet und ihre Bekanntschaft mit Hans Kohl erneuert."

„Wie kannst du nur so etwas annehmen", gab ich zurück, „du würdest gewiß nicht so sprechen, wenn du den Kleinen besser kenntest."

„Kennst d u ihn so genau?" erwiderte mein Mann. „Bedenke doch, daß er erst sechs Monate bei uns im Dienst ist. In unserem Landhaus hatte er nicht allzu viel Wertvolles unter seiner Obhut, aber hier im Haus, – denk nur einmal an den Schrank mit dem Silber in der Küche. Ist der Kleine nicht doch noch zu klein, zu jung, um ihm den Schlüssel zu diesem Schrank anzuvertrauen? Sollte nicht doch eines der Mädchen, vielleicht Bertha, lieber die Aufsicht darüber übernehmen? Übrigens, wo schläft denn der kleine Bursche?"

"Unten", antwortete ich, "neben der Küche, nach hinten im Haus, dem Garten zu. Du solltest nur sehen, wie sorgsam er mit dem Silberzeug umgeht, wie er es nach jedem Gebrauch gewissenhaft zählt, in den Schrank ordnet, diesen sorgfältig verschließt und dann den Schlüssel Frau Winter übergibt mit der Bitte, sie möge doch auch noch einmal alles kontrollieren. Nein, wegen dieses Jungen habe ich keine Bedenken. Er ist ehrlich. Ich verlasse mich auf ihn."

"Nun, wir wollen es hoffen, meine Liebe", sagte mein Mann, und ich merkte ihm an, daß er meine Ansicht nicht so recht teilte. –

Am selben Abend kam es bei Tisch zu einem für den Jungen sehr peinlichen Zwischenfall. Wir hatten Gäste. Wie gewöhnlich war Hans beim Aufwarten wieder sehr ängstlich. Er dachte nicht daran, zuerst meine Gäste zu bedienen und dann erst meinem Mann vorzulegen. Unser neues Stubenmädchen, mit dem er sich anscheinend noch nicht so recht verstand, schimpfte ihn in unser aller Beisein aus. Dadurch wurde Hans noch unsicherer. Als er dann einer Dame am Tisch eine Schüssel mit Austernsauce anreichen wollte, kam er unversehens dem Bärenfell zu nahe, rutschte aus und stürzte rücklings zu Boden. Die Sauce ergoß sich über einen ledernen Sessel und zum Teil auch über den Rücken meiner Schwester.

Hans war zu Tode erschrocken. Er schämte sich so sehr, daß er mich nicht anzuschauen wagte. Dann stotterte er: „O bitte, es tut mir so leid! Es war der Bär. Bitte, es tut mir so leid!"

Mein Mann konnte sich eines Lächelns nicht erwehren. Der Kummer und die Bestürzung unseres kleinen Dieners waren so offenbar, und der Kleine schämte sich so sehr, daß wir ihn nicht zu rügen vermochten. Mein Mann sagte nur: „Du mußt dich in Zukunft ein wenig besser vorsehen – und jetzt lauf und hol Wasser und Schwamm und bring das hier alles wieder in Ordnung!"

Nach diesem Ereignis ging Hans dem Bären stets weit genug aus dem Weg. Einige Zeit später hörte ich den Jungen in der Küche noch einmal von dem Vorfall erzählen. „Nimm dich in acht vor dem Bären. Der packt dich. Ich werde nie vergessen, wie er mir die Beine unter dem Leib wegzog. Aber mich kriegt er nicht mehr, das kann ich dir sagen!" versicherte er dem Stubenmädchen. Dann lachten alle.

Aber der Junge war nun bei Tisch noch ängstlicher geworden. Er traute sich fast nicht mehr ins Eßzimmer. Ich nahm ihn mir gelegentlich vor und ermahnte ihn:

„Hans, nun nimm dich zusammen, daß so etwas nicht noch einmal passiert, sonst muß ich dich am Ende doch noch entlassen. Mein Mann sagte mir, daß du bei ihm auch schon mehrmals nicht aufmerksam genug gewesen bist. Du hast ihm gestern abend statt Portwein Sherry eingegossen und einem seiner Gäste wieder von der falschen Seite aus angereicht."

Hans sagte kein Wort. Er schaute mich eine ganze Weile an. Dann stiegen in seinen großen blauen Augen Tränen auf. „Ich will mir Mühe geben und das alles besser lernen. Ich weiß, daß ich noch nicht viel kann. Aber ich will noch viel fleißiger sein und mich noch mehr anstrengen. Ich will noch viel besser auf das achten, was Sie mir erklärt und gezeigt haben. Ich weiß das ja auch alles genau, – aber – wenn die Herrschaften alle am Tisch sitzen und der eine dies und der andere das wünscht, dann weiß ich oft nicht, ob ich es anreichen soll oder Fräulein Bertha. Dann bin ich unsicher, und dann fangen meine Hände an zu zittern, und ich mache alles falsch. Aber, gnädige Frau, schicken Sie mich bitte nicht fort! Ich – habe Sie lieb, gnädige Frau, und auch den gnädigen Herrn, und ich will Fräulein Bertha bitten, mir noch einmal alles ganz genau zu erklären und zu zeigen. O, versuchen Sie es bitte noch einmal mit mir!"

Wie hätte ich da nein sagen können! In den folgenden Tagen ging es auch wirklich besser. Zum Glück für den Jungen waren selten und stets nur wenige Gäste bei und zu Tisch.

Aber für einen Tag im November erwarteten wir eine ganze Anzahl Gäste, die bis in die Nacht bleiben würden. Als ich das dem Jungen mitteilte, wurde er blaß im Gesicht. Und seine Unruhe nahm dann zu, je näher der gefürchtete Tag kam.

An einem der Abende in jenen Tagen wurde ich, nachdem ich schon zur Ruhe gegangen war, durch eigentümliche Geräusche geweckt, die aus dem Erdgeschoß unseres Hauses heraufdrangen. Ich hörte deutlich Tritte, und einmal schien auch irgend ein Gegestand auf den Boden gefallen zu sein. Ich weckte meinen Mann und bat ihn, doch einmal nachzusehen, was da vor sich ging. Wenig später kam er wieder und meinte, ich habe wohl geträumt, denn er habe unten nichts Ungewöhnliches feststellen können.

In der folgenden Nacht wurde ich wieder durch die gleichen Geräusche geweckt. Mein Mann wollte mich beruhigen. Ich aber stand auf, warf mir meinen Bademantel über, ging an die Tür von Frau Winter und bat unsere Köchin, die noch Licht hatte, einmal mit mir in die Küche zu gehen, um dort nach dem rechten zu sehen. Wie leicht war es für Diebe, dort unten vom Garten her durch eines der Fenster ins Erdgeschoß einzusteigen, wo die Küche, die Kellerräume und auch der Schlafraum unseres kleinen Hausdieners lagen.

Als wir leise auf die Küche zugingen, hörten wir jemanden sprechen. Wir horchten einen Augenblick lang, dann gingen wir beide wieder nach oben. Frau Winter blieb oben im Flur stehen, und ich weckte meinen Mann. Als wir zusammen wieder nach unten kamen, vernahmen wir wieder eine Stimme, diesmal jedoch aus dem Schlafzimmer des Jungen.

„Mach sofort auf!" rief mein Mann, „wen hast du da bei dir im Zimmer?"

„Niemand, gnädiger Herr", hörten wir den Jungen mit zaghafter Stimme antworten.

„Mach sofort die Tür auf, Junge!" befahl mein Mann noch einmal.

Da wurde auch schon geöffnet, und Hans Kohl stand vor uns, zwar blaß, aber ohne Angst und offensichtlich auch ohne irgendwelche bösen Gedanken. Wir sahen uns in dem ganzen Raum um und schauten auch unter und hinter die Möbel, konnten aber nichts entdecken, was unser Mißtrauen erregt hätte. So kamen wir schließlich zu der Vermutung, daß der Junge im Schlaf gesprochen und in die Küche gegangen sein müsse.

Am Tag vor der angekündigten Abendgesellschaft kam Frau

Winter zu mir, um wegen des Jungen mit mir zu sprechen. Sie meinte, mit ihm stimme irgend etwas nicht. Er sei so ganz das Gegenteil von früher, sei morgens kaum wachzukriegen und dann immer so unausgeschlafen, als hätte er die ganze Nacht kein Auge zugetan. Sie habe auch Beweise, daß er nachts in die Küche gehe und sich dort zu schaffen mache. Morgens ständen die Stühle anders als abends vorher, und verschiedene Dinge seien nicht an ihrem Platz, wenn sie morgens früh in die Küche käme. Auf ihr Nachfragen habe Hans zwar nicht bestritten, in der Küche gewesen zu sein, habe aber nicht sagen wollen, was er dort gemacht habe.

Es war mir unangenehm, nun selbst mit dem Jungen sprechen zu müssen, und ich wollte es aufschieben bis nach unserer Abendgesellschaft. Ich nahm mir aber vor, dieser geheimnisvollen Sache einmal auf den Grund zu gehen. Mochte auch vieles gegen meinen kleinen Hausdiener sprechen, mein Vertrauen zu ihm war nicht erschüttert, und ich wußte, daß er mich nicht belügen würde.

Spät abends am selben Tag kam Frau Winter an unsere Schlafzimmertür, um uns zu sagen, daß sich unten im Kellergeschoß wieder jemand zu schaffen mache. Sie könne von ihrem Schlafzimmerfenster aus an einem Lichtschein im Garten erkennen, daß Hans in seinem Zimmer Licht habe.

„Was sollen wir machen?" fragte ich meinen Mann.

„Das ist kein Problem", meinte er. „Wir gehen durch den Garten von hinten her an das Fenster seines Zimmers und versuchen durch die Jalousie zu schauen."

Nachdem wir uns warm angezogen hatten, schlichen wir hinunter, gingen leise durch den Garten hinter unserem Haus und standen wenig später vor dem Schlafzimmerfenster des Jungen. Wir bückten uns ein wenig und konnten recht gut in das hell erleuchtete Zimmer sehen.

– Heute, nachdem viele Jahre vergangen sind, erinnere ich mich noch ganz genau jeder kleinsten Einzelheit, die sich unseren erstaunten Augen darbot. Das, was wir durch die Spalten der Jalousie zu sehen bekamen, war uns allen so unerwartet, daß wir zunächst völlig verblüfft waren.

In der Mitte des recht großen Schlafzimmers stand ein mit einem weißen Tischtuch bedeckter Tisch mit mehreren Stühlen. Auf dem Tisch standen jeweils vor den Sitzplätzen alte Untersetzer von Blumentöpfen, mehrere Schachteln und Schüsseln und auch drei Körbchen, in denen uns tags zuvor Käse angeliefert worden war. Auf dem Waschtisch waren eine ganze Batterie Flaschen aufgebaut, eine Kanne und eine Menge alter ausgedienter Weingläser. Auf einem Hocker standen zwei Einmachtöpfe und einige Tassen, und daneben lag eine Anzahl Eßbestecke. – Und da war auch der Junge. Er ging rasch und doch ganz unauffällig und galant von einem Stuhl zum anderen, sprach den Stuhl an, nickte höflich mit dem Kopf, schritt zum Waschtisch, nahm eine der Flaschen, die anscheinend mit Wasser gefüllt waren, goß ein Glas voll und stellte es mit einer anmutigen Verneigung auf den Tisch vor den betreffenden Stuhl. Zwischendurch eilte er an sein Bett, hob von diesem ein mit allerlei Gegenständen beschwertes Tablett auf und trug es zum Tisch. Ging er von einem Stuhl zum anderen, dann wandte er sich, falls er von der falschen Seite her angereicht hatte, sofort wieder um und bediente von der richtigen Seite her, wobei er fortwährend allerlei höfliche Selbstgespräche führte.

Das also war des Rätsels Lösung! Unser kleiner Hausdiener

übte sich im Aufwarten bei Tisch. Er bereitete sich mit großem Eifer und mit viel Fleiß und Energie auf die schwere Aufgabe vor, die mit der erwarteten Abendgesellschaft auf ihn zukam. Weil seine Zeit tagsüber mit Arbeit reichlich ausgefüllt war, benutzte er dazu die Nachtstunden und verzichtete auf seine notwendige Nachtruhe, nur um seinen Pflichten gerecht werden zu können. Stunde um Stunde übte der Junge sich im Aufwarten, während wir anderen im Haus alle schliefen. Er überwand immer wieder seine Müdigkeit und ließ nicht nach, um sich die erforderliche Sicherheit und Geschicklichkeit anzueignen.

Eine ganze Weile schauten wir dem Jungen zu, bis wir an seinen Gesten erkannten, daß das ‚Essen' zu Ende war und die ‚Gäste' sich verabschiedeten. Hans faltete die Servietten zusammen und schob sie in die Ringe. Die Probe war beendet.

Nachdem Hans seine ‚Gäste' verabschiedet hatte, räumte er all das Geschirr wieder weg. Er trug die Stühle in die Küche zurück und schob den Tisch wieder zur Seite. Dann überblickte er noch einmal sein ganzes Schlafzimmer, um sich zu vergewissern, daß auch alles wieder an seinem Platz war.

Nun konnten wir unseren Platz am Fenster wieder verlassen. Hatten wir nicht allen Grund, uns wegen unseres Mißtrauens, das wir gegen den Jungen gehabt hatten, zu schämen?

Aber da zog mich mein Mann noch einmal ans Fenster zurück und deutete auf die Jalousie. Ich guckte wieder hindurch. Da stiegen mir Tränen in die Augen. Dort unten kniete der Junge vor seinem Bett und betete. Und was er betete, konnten wir uns wohl denken. Da kniete Hans Kohl allein vor seinem Gott, wissend, daß nur von Gott Hilfe zu erwarten war, daß Gott seinen Eifer und seinen Fleiß belohnen und ihm am folgenden Abend beistehen werde.

Der Abend, vor dem der Junge sich so sehr gefürchtet hatte, nahm dann auch einen sehr harmonischen Verlauf. Hans machte seine Sache sehr gut. Wir hatten nicht den kleinsten Anlaß zu tadeln. Er bewegte sich so sicher und so flink und erriet die Wünsche der Gäste so rasch, daß mich später mehrere von ihnen fragten, wie ich zu diesem aufmerksamen und umsichtigen Hausdiener gekommen sei. Es bereitete dem Jungen anscheinend keinerlei Schwiergkeiten mehr, eine so große Gesellschaft bei Tisch zu bedienen. – Wie freute ich mich für meinen kleinen Hausdiener!

Am Tag darauf gab mir der Junge über zwanzig Mark an Trinkgeld zum Aufbewahren mit der Bemerkung, die Gäste am Abend vorher seien so freundlich zu ihm gewesen, obgleich er wirklich nicht auf ein Lob ausgewesen sei. „Die Herren gaben es mir gern. Einer von ihnen folgte mir sogar bis in die Halle, klopfte mir auf die Schulter und sagte: ‚Hier, kleiner Mann‘ und schob mir ein Fünfmarkstück in die Hand. Wofür, weiß ich wirklich nicht.“

Ich wußte sofort, daß dieser Herr kein anderer gewesen sein konnte als Doktor Lüring, der vertrauteste Freund meines Mannes. Wir hatten ihm noch vor Beginn des Abendessens kurz von den nächtlichen Übungsstunden des Jungen erzählt.

– – – Was dann kurze Zeit später folgte, hat sich meiner Erinnerung für immer eingeprägt. Ich bin jetzt, wo ich die Geschichte meines kleinen Hausdieners Hans Kohl niederschreibe, über achtzig Jahre alt, eine sehr alte Frau. Ich habe in meinem langen Leben viel Freude genossen, aber auch manches Schwere durchlebt. Ich verlor meinen Mann und meine Kinder und so manchen guten Freund. Ich habe vertraut, und mir wurde vertraut. Enttäuschungen und das bittere Gefühl von Undankbarkeit lernte ich kennen. Aber die Erinnerung an diesen kleinen Jungen mit seinen großen blauen Augen, diesen Hans Kohl, ließ mich manches überwinden, was mich niederdrücken, mich mutlos machen, mich undankbar und bitter werden lassen wollte. Noch immer sehe ich den Jungen in jener Nacht vor seinem Bett knien und sich seinem himmlischen Vater anbefehlen. Wie habe ich ihn in meinem späteren Leben so oft um seinen festen Glauben und sein Vertrauen zu Gott beneidet! Und ich fand bei ihm, was einen Christen in besonderem Maße kennzeichnen sollte: Treue im Kleinen. Hans Kohl war nur ein Junge, eigentlich noch ein Kind. Und er hätte sein Verhältnis zu Gott sicher nie in Worten erklären können. Aber sein Leben wies seinen Glauben aus.

Da wird man gut verstehen können, daß es mir schwerfällt, das nun noch folgende niederzuschreiben. – – –

Der Januar war fast vorbei. Mein Mann war wieder für einige Monate auf Geschäftsreise. Ich plante, schon gleich mit Frühlingsbeginn die Stadt zu verlassen und wieder aufs Land zu ziehen. Auch Hans freute sich auf die Zeit, wo wir wieder auf dem Land wohnen würden. Er sprach oft mit Frau Winter über die Tiere, die er im letzten Herbst dem Gärtner in unserem Landhaus zur Pflege anvertraut hatte. Zu diesen gehörte auch eine alte Eule, die nur noch ein Auge hatte und deshalb von uns ‚Zyklop‘ genannt wurde. Im Sommer saß sie oft im Garten auf einer Astgabel und starrte jeden an, der den Garten betrat. Ließ Hans sich jedoch blicken, dann stieß sie kurze, helle

Schreie aus, flog von ihrem Baum herab und trippelte hinter dem Jungen her.

Auch mehrere Hunde und eine Katze zählten zu den besonderen Freunden des Jungen. Hans hatte die Katze aus einer Schlinge befreit, und das Tier dankte es ihm mit großer Anhänglichkeit. Der Gärtner ließ Hans ab und zu durch ein Briefchen wissen, wie es den Tieren ging, und Hans schickte ihm regelmäßig von seinem Trinkgeld, damit der Gärtner für die Tiere Futter kaufen konnte.

Aber auch im Garten hinter dem Haus hatte Hans einige kleine ‚Freunde‘, und er freute sich, auch diese bald wieder zu sehen. Es waren eine ganze Anzahl Blumenstauden, die er mit großer Liebe pflegte, um ab und zu ein schönes Sträußchen für seine „gnädige Frau" bereit zu haben. Ja, Hans freute sich mit mir, bald wieder auf dem Land zu wohnen. Und nicht nur er fühlte sich dort wohler, sondern auch Bogie, mein kleiner Wachtelhund. Das unaufhörliche Wagengeroll und Pferdegetrappel in der Stadt, das Peitschenknallen und die schrille Droschkenpfeife waren ihm sehr zuwider. Hans nahm ihn oft mit in sein Zimmer, damit er nicht durch sein Gebell alle im Haus störte.

Aber noch war der Frühling nicht gekommen. Noch mußte ich mich ein wenig gedulden. War mein Mann abwesend, dann fürchtete ich mich fast immer, wenn die Nacht kam. Unsere Haustüren waren zwar durch starke Riegel und die unteren Fenster durch Gitter zusätzlich gesichert, und doch ließ mich oft selbst ein völlig harmloses Geräusch aus dem Schlaf aufschrecken. Um die Wochen bis zum Umzug in unser Landhaus nicht ganz so allein zu sein, lud ich deshalb meine verwitwete Schwester mit ihren beiden Töchtern zu einem mehrwöchigen Besuch zu mir ein.

Eines Abends war ich besonders ängstlich. Vielleicht lag es daran, daß mein Mann mehrere Tage lang nicht geschrieben hatte. Ich wartete sehnsüchtig auf einen Brief von ihm. Als ich dann den Briefboten abends an unserem Haus vorbeigehen sah, ohne daß er mir einen Brief brachte, war ich zutiefst unglücklich und konnte, nachdem ich ins Schlafzimmer gegangen war, meine Tränen nicht mehr zurückhalten. Ich saß noch eine ganze Zeitlang grübelnd und unruhig am Kamin. Was mochte meinen Mann vom Schreiben abgehalten haben?

Ich muß dann im Sessel eingeschlafen sein. Wenig später jedoch erwachte ich fröstelnd und steif vom Sitzen im Sessel. Das Feuer war aus, und im Haus war es ganz still. Ich schaute auf die Uhr. Sie zeigte drei Uhr morgens, und ich beeilte mich, ins Bett zu kommen. Aber an Schlaf war nicht zu denken. Irgend etwas ließ mich nicht zur Ruhe kommen. Hellwach lag ich da und lauschte. Ja, ich lauschte, ohne zu wissen auf was.

Da, was war das? Im unteren Stock schien irgend etwas zu Boden gefallen zu sein. Dann war es still. Mein Herz pochte laut, und mir war, als müsse ich ersticken. Ich horchte angestrengt auf weitere Geräusche, hörte aber nichts Außergewöhnliches mehr. Eine Weile lag ich da und wagte kaum zu atmen. Schließlich sagte ich mir, daß Bogie bellen würde, wenn Fremde ins Haus einzudringen suchten. Doch da, waren da nicht ganz deutlich Schritte zu hören? Ich bebte vor Angst. Es schien mir unmöglich, noch länger allein zu bleiben, und ich stand auf, um meine Schwester zu wecken. Kaum hatte ich den Morgenrock übergeworfen, da öffnete sich die Schlafzimmertür, und meine Schwester stand vor mir.

„Bist du auch aufgewacht?" fragte sie. „Was mag das nur sein? Ich bin überzeugt, daß unten etwas passiert ist. Irgend etwas stimmt da nicht. Vor einer halben Stunde etwa hat Bogie ganz furchtbar gebellt und gejault und war dann plötzlich still."

„Das war wohl während ich schlief", antwortete ich, „und sicher hat Hans den Hund dann zu sich genommen."

„Mag sein", erwiderte meine Schwester. „Ich habe aber von der Hinterseite des Hauses her ganz sonderbare Geräusche gehört. Es schien mir, als sei jemand mit Gewalt ins Schlafzimmer des Jungen eingedrungen."

Seltsamerweise war meine Angst plötzlich wie weggefegt. Ich stellte mich oben im Flur ans Treppengeländer, um zu lauschen und hörte von unten her gedämpfte Stimmen.

„Da sind Fremde im Haus, Nellie", flüsterte ich, „wenn wir geräuschlos ins Badezimmer schleichen, haben wir die Möglichkeit, einen Schutzmann auf der Straße auf uns aufmerksam zu machen. Die Schutzleute sind bis sieben Uhr früh im Nachtdienst und kommen auf ihrer Runde alle Viertelstunde an unserem Haus vorbei."

Da ich nicht durch die Haustür gehen konnte, ohne von den Eindringlingen gesehen zu werden, stieg ich vom Besuchszimmer aus über die Balkonbrüstung und gelangte über einen breiten Sims auf die oberste Stufe unserer Außentreppe. Dann lief ich die Straße hinunter, um einen Schutzmann zu finden. Kaum hatte ich einen der beiden Beamten gesehen, da rief ich ihm mit letzter Kraft zu: „Diebe sind in unserem Haus, dort, Nummer 50!" und wurde ohnmächtig.

Als ich wieder zu mir kam, lag ich in meinem Bett, umringt von meiner Schwester, meinen Nichten und einem Schutzmann.

Von ihnen hörte ich, was sich in den letzten Minuten zugetragen hatte. Bei uns war wirklich eingebrochen worden. Einer der Einbrecher in der Küche hatte mich doch aus dem Haus eilen sehen, hatte seinen Komplicen, der gerade das Schloß an der Tür zum unteren Flur aufbrechen wollte, gewarnt, und dann waren die beiden durch das hintere Küchenfenster in den Garten und von da aus mit einer Leiter über die Gartenmauer ins Freie gelangt. Das Türschloß war so demoliert worden, daß es eine ganze Weile dauerte, bis wir vom Flur her in die Küche konnten. Dort stellten wir bald fest, daß die Diebe bei ihrer eiligen Flucht nicht allzu viel hatten mitnehmen können.

„Wie kann das möglich gewesen sein, ohne daß Hans erwachte und ohne daß Bogie bellte?" fragte ich.

Bei dieser Frage wandte sich meine Schwester ab. Frau Winter aber, zunächst bemüht, unbekümmert zu scheinen, holte plötzlich ihr Taschentuch hervor und begann zu schluchzen.

„Was ist geschehen?" wollte ich nun wissen. Ich richtete mich auf. „Was wollt ihr mir verbergen? Schickt mir den Jungen her, er soll mir selbst alles erzählen. Er lügt nicht."

Da trat der Schutzmann zu mir ans Bett. Er räusperte sich ein wenig und teilte mir mit, Hans sei verschwunden. Das Zimmer des Jungen sei in größter Unordnung vorgefunden worden, und einen seiner Schuhe, ganz offensichtlich in größter Eile verloren, habe man neben einigen silbernen Löffeln im Garten gefunden. Seine Kleidung sei nicht zu finden. Der Junge habe sich demnach abends angekleidet ins Bett gelegt. Decken und Bettlaken seien ebenfalls fort. Gewiß hätten die Diebe die gestohlenen Sachen in diesen Decken fortgeschleppt.

Ich sah dem Schutzmann ins Gesicht und erriet seine Gedanken.

„Haben Sie den Jungen im Verdacht, mit den Einbrechern gemeinsame Sache gemacht und mit diesen den Einbruch gar schon längere Zeit vorbereitet zu haben?"

„Nun, gnädige Frau", antwortete der Beamte, „es hat zumindest den Anschein. Er schlief unten in der Nähe der Tür, durch welche die Diebe hereinkamen. Er hat ja auch keinen Lärm gemacht, und er hat sie gewiß erwartet, warum lag er sonst angekleidet im Bett? Und zudem – wie kam sein Schuh in den Garten? Und – wo steckt der Bursche jetzt? Wäre er unschuldig, dann brauchten wir ihn nicht zu suchen, denn dann wäre er im Haus. Sie können sich nicht vorstellen, wie raffiniert diese jungen Taugenichtse sind."

„Trotzdem", unterbrach ich den Bericht des Mannes, „es ist ungerecht, ihn zu beschuldigen. Ich glaube nicht an seine Schuld. Gewiß, er ist nicht da. Aber er wird zurückkommen, davon bin ich überzeugt. Vielleicht ist er den Dieben nachgelaufen, um zu sehen, wohin sie flüchteten, und dabei hat er sicher auch den einen Schuh verloren."

„Das ist sehr unwahrscheinlich, gnädige Frau", entgenete der Schutzmann mit einem feinen Lächeln, denn er betrachtete mich mit Recht als einen Laien in solchen Dingen, „der Junge würde bestimmt geschrien oder sonstwie Arlarm gegeben haben. Und außerdem kann ich mir nicht gut vorstellen, daß die Diebe für ihn die Leiter auf dieser Seite der Gartenmauer am Stallgebäude stehen ließen und, nachdem auch er auf der Mauer war, die Leiter dann in den Nachbargarten stellten. Nein, gnädige Frau, es tut mir leid für Sie, denn der Bursche hatte anscheinend Ihr ganzes Vertrauen und Wohlgefallen, –

aber ich muß sagen, daß er in meinen Augen ein ganz gerissener Kerl ist. Er selbst muß den Plan mit den anderen Spitzbuben schon lange ausgeheckt haben, um ihn jetzt, wo Ihr Herr Gemahl nicht zu Hause ist, auszuführen. Ich kenne diese Burschen. Ihre Einbrüche erfolgen fast alle nach dem selben Muster. Aber wir werden ihn schon ausfindig machen. Nennen Sie mir nun bitte kurz die wichtigsten Daten des Jungen, soweit sie Ihnen bekannt sind, Name, Alter, Eltern und so weiter."

Ich gab dann an, was ich wußte. Es war nicht viel. Und während des Protokolls horchte ich immer wieder nach draußen, überzeugt, daß Hans zurückkam, um uns selbst den nötigen Aufschluß zu geben. Auf meinen Hinweis, daß ja auch Bogie, mein Hündchen, nicht da sei, erklärte mir der Schutzmann, das besage nichts, denn der Junge habe das Tier wahrscheinlich mitgenommen.

Später ging ich mit meinen Dienstboten noch einmal ins untere Stockwerk, um in Ruhe nachzuprüfen, was fehlte. Es war doch mehr, als wir zunächst angenommen hatten. Vor allem fehlten fast das gesamte Silbergeschirr und die Bestecke. Frau Winter, die auch den Jungen sehr liebgewonnen hatte, kam schließlich auf den Gedanken, er könne nach Hause gelaufen sein. „Vielleicht fürchtete er sich sehr, weil er nicht rechtzeitig aufgewacht ist und uns geweckt hat. Er war doch so stolz darauf, daß ihm die Aufsicht über den Schrank mit dem Silberzeug übertragen worden war und fühlte sich dafür besonders verantwortlich. Sicher ist er in seiner Verzweiflung heimgelaufen. Sollen wir nicht einmal nachfragen lassen, ob er daheim ist?"

Daran hatte ich noch nicht gedacht. Ich sandte gleich am nächsten Morgen eine Depesche an den Vater des Jungen. Um diesen nicht zu erschrecken, fragte ich nur an: „Ist Hans bei Ihnen? Habe Gründe, anzunehmen, daß er nach Hause gegangen. Erbitte bald Antwort."

Nach einigen Stunden kam die Antwort: „Haben Hans nicht gesehen. Schreiben sofort, wenn er kommt."

Wieder standen wir vor der Frage, was aus dem Jungen geworden sein könnte. Alle im Hause waren niedergeschlagen und machten einen sehr bedrückten Eindruck. Den ganzen Tag über kamen wir nicht zur Ruhe. Schutzleute kamen und gingen bis zum späten Abend. Sie bemühten sich, weitere Spuren der Diebe zu finden, wollten noch einmal eine genaue Liste der gestohlenen Gegenstände anlegen und baten mich um eine eingehende Beschreibung des gesuchten Jungen. Diese Personenbeschreibung wurde dann am selben Tag noch in allen Polizeistationen der Stadt und auch in sämtlichen Vororten ausgehängt. Für Angaben, die zur Ergreifung des Jungen führen würden, stellte die Polizei eine beachtliche Belohnung in Aussicht.

Es tat mir weh zu sehen, daß man Hans wie einen gemeinen Dieb verfolgte. Wie würde auch dem Vater und dem Bruder des Jungen zumute sein, wenn sie von dem Einbruch erfuhren!

Fest davon überzeugt, daß Hans am nächsten Morgen wieder da sein würde, ging ich noch einmal in sein Schlafzimmer. Frau Winter war inzwischen auch schon dort gewesen, hatte aufgeräumt und das Bett frisch überzogen. Ich sah mich im Raum um. Da war so vieles, das mich an den Jungen erinnerte. Eine kleine Blumenvase, die ich sehr gern hatte, war durch Bogies wilde Sprünge zu Boden gefallen. Ich hatte versucht, die vielen Scherben wieder zusammenzukleben, hatte es aber nicht geschafft. Hans jedoch hatte − anscheinend mit sehr viel Ausdauer – das Werk zustande gebracht. Nun sah ich sie auf seinem Tisch stehen. Und ich wußte genau: an einem der nächsten Tage hätte er sie heimlich in mein Zimmer gebracht. Würde ich ihn dann danach fragen, dann bekäme ich die Antwort: „Bitte, gnädige Frau, ich wußte, daß Ihnen diese Vase viel wert ist, deshalb habe ich sie wieder heil gemacht." Und dann würde er über mein Lob vor Freude erröten und schnell aus dem Zimmer gehen.

Im Schlafzimmer des Jungen hingen auch einige billige Bilder. Eins von ihnen zeigte einen Hirten mit einem Lamm im Arm. Beim Anblick dieses Bildes, das auf den Herrn Jesus als den guten Hirten hinweisen sollte, faltete ich unwillkürlich meine Hände und rief zu Gott um das Wohl meines kleinen Hans.

Dann sah ich auch eine ganze Menge Muscheln in einer Dose. Hans hatte sie früher einmal gesammelt, als er mit seinem Bruder eine Fahrt ans Meer hatte machen dürfen. Er hatte dann geplant, die Muscheln zu polieren und die schönsten von ihnen zu einer Brosche für Frau Winter verarbeiten zu lassen.

Über dem Bett hing ein kleines Foto. Verdutzt stellte ich fest, daß ich selbst darauf abgebildet war. Und da erinnerte ich mich. Ich hatte dieses Foto, das mir nicht besonders gefallen hatte, in mehrere Stücke zerrissen und in den Papierkorb geworfen. Anscheinend hatte es Hans dort gefunden und dann die Stücke wieder zusammengesetzt und auf Pappe aufgeklebt.

Wehmütig sah ich mich im Zimmer um. Ich wußte, was ich von dem Jungen zu halten hatte, obwohl er noch gar nicht so lange bei uns im Haus gewesen war. Nie kam mir auch nur der geringste Zweifel an seiner Ehrlichkeit.

Nachdem ich Bertha angewiesen hatte, im Ofen des Zimmers Kohlen nachzulegen, damit es warm und behaglich war, wenn Hans zurückkam, ging ich noch ein wenig ins Wohnzimmer. Es wurde langsam still im Haus, denn alle sehnten sich nach Ruhe. Da läutete plötzlich ganz kurz und zaghaft die Türglocke.

„Vielleicht ist es Hans", rief meine Schwester, die auch noch nicht schlafengegangen war. Ich wußte sofort, daß es jemand anders sein mußte, denn ich kannte die Art, in der Hans die Glocke betätigte.

Bertha öffnete, und dann hörten wir eine männliche Stimme fragen, ob Herr Liebau hier wohne und vielleicht noch zu sprechen sei. Bertha antwortete, Herr Liebau sei verreist, aber die gnädige Frau sei gewiß noch nicht zur Ruhe gegangen. Dann kam Bertha zu mir und teilte mir mit, daß Peter, der Bruder von Hans, gekommen sei und mich wenn möglich noch kurz sprechen möchte.

Natürlich ließ ich Peter sofort kommen. Ich sah den Jungen aufmerksam an, fand aber zunächst keine Ähnlichkeit mit Hans. Ich hatte mir diesen Peter ganz anders vorgestellt, breitschultrig, sonnenverbrannt und mit ausdrucksvollem Gesicht. Er war zwar größer als Hans, machte aber eher einen schwächlichen Eindruck, war schmal und hatte ein auffallend blasses Gesicht. Als er, den Hut in der Hand, in der Tür stand, bat ich ihn näherzutreten und ging auf ihn zu.

„Ich weiß, Sie sind Peter. Haben Sie Nachrichten über Hans?" fragte ich erregt. „Wir alle hier im Haus sind dem Jungen sehr zugetan und leiden mit Ihnen und Ihren Eltern. Haben Sie etwas von Hans gesehen oder gehört?"

Jetzt sah mich der Junge, der bis dahin nur zu Boden geschaut hatte, voll an. Ich konnte seine Augen sehen. Da entdeckte ich auch die Ähnlichkeit mit Hans. Wenn je Wahrhaftigkeit aus den Augen schaut, dann war es bei Peter der Fall.

„Ich danke Ihnen für diese Worte, gnädige Frau." Dann trat er auf mich zu, erfaßte meine Hand und sah mich verzweifelt an: „Verzeihen Sie, daß ich so spät hier eindringe. Aber ich habe diesen Steckbrief gelesen, und ich weiß, was man allgemein über meinen Bruder denkt. Ich schämte mich sehr, hier vorzusprechen, weil ich annehmen mußte, daß auch Sie so über Hans denken. Ich fürchtete, auch Sie würden ihm das alles zutrauen. Aber jetzt höre ich, daß sie ihm noch immer vertrauen und ihn nicht für einen Dieb halten. Wie haben wir Ihnen zu danken!"

„Setzen Sie sich, Peter. Wir wollen zusammen überlegen, was wir nun noch tun können. Ich will Ihnen auch schildern, was sich hier alles zugetragen hat. Vielleicht sehen wir gemeinsam doch noch eine Möglichkeit, etwas für Hans zu tun. Sie kennen Ihren Bruder am besten, und er hatte ein über die Maßen großes Vertrauen zu Ihnen. Wie beurteilen Sie persönlich das Vorgefallene?"

Peter setzte sich, schaute mich dann aber wieder kaum an. Offenbar schämte er sich noch immer. Stockend begann er:

„Ich kann aus der ganzen Sache nicht klug werden, sie geht über mein Verständnis. Aber ich habe mir vorgenommen, Hans zu finden. Und wenn ich ihn gefunden habe, dann wird sich diese Sache ganz sicher aufklären lassen, denn Hans wird nicht schweigen. Hat er sich wirklich in irgend einer Weise etwas zuschulden kommen lassen, dann wird er es mir sagen, mag es sein was es will. Er wird es mir nicht verschweigen. Aber – nein, gnädige Frau, Hans hat ganz sicher nichts

Unrechtes getan. – Hier in der Stadt wohnt eine Tante von uns, die mit einem Schutzmann verheiratet ist. Bei ihr will ich wohnen, bis die Geschichte mit dem Einbruch aufgeklärt worden ist. Ich kann meinen Onkel auch um manchen guten Rat bitten, denn er hat oft mit solchen Fällen zu tun. Aber – ich darf es noch einmal sagen: Hans ist unschuldig. Nur – wo ist er? Ich muß ihn finden!"

Ich erkundigte mich dann auch nach seinen Eltern. Peter antwortete:

„Vater ist fast von Sinnen. Aber er darf Mutter nichts davon sagen, denn sie liegt schon längere Zeit sehr krank im Bett, und sie würde eine solche Nachricht nicht überleben. Hans ist der jüngste in unserer Familie und war immer Mutters Liebling."

Als Peter sich verabschiedete, entschuldigte er sich noch einmal höflich, weil er zu so später Stunde noch zu uns gekommen war.–

Aber Peter war nicht der letzte Besucher an diesem Abend. Kaum war er gegangen, als wieder die Türglocke gezogen wurde, diesmal aber kräftig und laut. Es war kurz vor zehn Uhr. Eines der Mädchen öffnete, und zu meiner Überraschung hörte ich eine bekannte Stimme sprechen. Es war Doktor Lüring, der Freund meines Mannes.

„Nun, meine Liebe", begrüßte er mich mit großer Herzlichkeit, „staunen Sie denn nicht, daß ich mich zu so später Stunde noch bei Ihnen blicken lasse?"

„Ich bin überrascht, das muß ich sagen. Aber ich freue mich sehr darüber – gerade heute abend, wo ich nicht mehr ein noch aus weiß. Vielleicht können Sie mir helfen, vielleicht wissen Sie einen Rat."

„Das will ich gern tun, wenn es mir möglich ist. Aber bevor ich mich setze muß ich noch einmal kurz nach draußen zu meinem Wagen. Ich habe nämlich eine kleine Überraschung für Sie. Ich komme soeben vom Land und habe zwei Körbe herrlicher Äpfel mitgebracht, einen für Sie und einen für meine Frau. Deshalb bin ich auch so spät. Ich wollte Ihnen das Obst gern heute noch herbringen – der kleine Umweg ist nicht wesentlich – damit die Äpfel möglichst bald aus dem Korb und in den Keller kommen."

Wenig später trugen er und sein Kutscher einen Korb voll schöner rotbackiger Winteräpfel herein und stellten ihn im Flur ab. Schnell zündete Frau Winter ein Licht an und ging dann vor dem Kutscher her, der den Korb in den Keller bringen wollte.

Inzwischen hatte Herr Lüring im Lehnstuhl am Kamin Platz genommen, und ich bereitete ihm eine Tasse Kakao. Dann bat er mich, ihm Näheres von dem Diebstahl zu erzählen. Ich berichtete ihm alles, was sich in den letzten beiden Tagen zugetragen hatte. „Ist das jener kleine Kerl, der damals nachts aufblieb und sich im Aufwarten übte, um seinem Amt gewachsen zu sein? Eigentlich bin ich ein wenig erstaunt, denn ich hatte den Jungen für unbedingt zuverlässig gehalten."

„Das ist er auch. Ich halte daran fest, daß Hans . . ."

Hier wurde unser Gespräch durch ein lautes Geschrei vom unteren Stock her unterbrochen. Meine Schwester und ihre beiden Töchter, die schon zur Ruhe gegangen waren, kamen zu uns ins Zimmer und fragten bestürzt, was das Schreien zu bedeuten hätte. Dann stürzte Bertha herein und rief atemlos vor Entsetzen:

„Kommen Sie, kommen Sie! Wir haben ihn gefunden! Er wurde ermordet! Ich habe ihn gesehen – man hat ihm die Kehle durchgeschnitten! Schrecklich, furchtbar!"

Doktor Lüring versuchte zwar, mich zurückzuhalten, aber ich riß mich los und eilte die Treppe hinunter. In der Küche war alles dunkel, aber hinten im Obstkeller war Licht zu sehen. Am Eingang standen der Kutscher und Frau Winter.

„Gnädige Frau", rief sie, „kommen Sie nicht näher! Es ist kein Anblick für Sie. Herr Doktor, sie muß es nicht sehen!" Ich aber ließ mir die Lampe reichen und ging in den Keller hinein. Herr Lüring ließ sich eine zweite Lampe reichen und folgte mir.

Hans lag in der hintersten Ecke auf dem Fußboden. Er war in eine Decke gehüllt und mit einem Seil fest umwickelt. Nur sein Gesicht war ein wenig zu sehen. Welch ein Anblick! Im Mund des Jungen steckte einer seiner roten Socken als Knebel. Es sah aus, als sei der Mund voll geronnenem Blut. Seine Augen waren halb geschlossen. Als wir das Bündel aufwickelten, sahen wir auch Bogie. Das Hündchen hatte auch in der Decke gesteckt und war tot. Es hatte mehrere tiefe Stichwunden am ganzen Körper. Da lag Hans vor uns. Seine Hände hatte man ihm auf dem Rücken fest zusammengebunden, und auch seine Beine waren gefesselt. Wir trugen den Jungen schnell nach oben und legten ihn auf sein Bett. Dort begann Herr Doktor Lüring sofort mit einer genauen Untersuchung, während wir die Polizei verständigten.

Hans lebte noch. Er war aber durch Hunger und Unterkühlung und vor allem durch den schweren Schock so schwach, daß der Arzt keine Hoffnung für ihn hatte. Anscheinend war der Junge auch geschlagen worden, denn an seinem Körper zeigten sich schwere Prellungen.

Der Arzt mühte sich ständig um ihn. Er wich nicht von seinem Bett. Immer wieder massierte er die steifen Glieder, flößte ihm warmen Tee ein und horchte das Herz ab. Dann endlich gab der Junge das erste Lebenszeichen von sich: ein langer Seufzer kam über seine Lippen und ließ uns neue Hoffnung schöpfen.

Die Einbrecher hatten den Jungen anscheinend nicht töten wollen. Aber sicher hatte er irgendwie versucht, uns zu warnen. Deshalb hatten sie ihn gefesselt und in den Keller getragen, weil sie annahmen, daß dieser Keller von uns jeden Tag benutzt würde und wir den Jungen bald fänden. Warum die Schutzleute bei ihrer Suche nach Spuren den Jungen nicht fanden, blieb für mich bis heute unverständlich. Vielleicht waren sie von vornherein so sehr von seiner Mitschuld überzeugt, daß sie sich wenig Mühe dabei gaben. Zwar lag der Junge in der hintersten Ecke und war wegen der Decke nicht gleich zu sehen gewesen, aber wenn die Durchsuchung ein klein wenig gewissenhafter durchgeführt worden wäre, hätten sie ihn finden müssen.

Wie dankte ich Gott, daß Er es dem guten Doktor Lüring ins Herz gegeben hatte, mir den Korb mit den Äpfeln zu bringen! Hans hätte die folgende Nacht nicht mehr überlebt. Was wird er für eine Angst ausgestanden haben!

Es war bereits Morgen geworden, als der Junge zum erstenmal die Augen aufschlug und seine Lippen bewegte. Wir standen alle um sein Bett. Er flüsterte: „Gnädige Frau – vergeben Sie mir – ich kann nichts dafür –"

Auf einen Wink des Arztes bereitete meine Schwester in der Küche schnell eine stärkende Suppe, die wir dem Jungen einzuflößen versuchten, aber er nahm kaum etwas zu sich und versank wieder in eine tiefe Ohnmacht.

„Wird er durchkommen?" fragte ich den Arzt.

„Ich habe mein möglichstes getan. Es besteht nur ganz wenig Hoffnung, er ist zu schwach. Der arme Junge!"

Da klopfte jemand an die Tür. Ich wandte mich um, und da trat Peter herein. Ich winkte ihn heran. Kaum hatte Peter den Jungen erkannt, da trat er an dessen Bett hin, kniete nieder, ergriff die Hand seines kleinen Bruders und weinte vor Erschütterung. Er hatte anscheinend sofort gesehen, wie es um Hans stand. Dann flüsterte er ihm ins Ohr:

„Hans, sieh, hier ist Peter! Hans, mein lieber kleiner Hans, sieh, hier bin ich – bei dir!"

Auf einmal öffnete Hans die Augen und versuchte den Kopf zu heben. Auf seinem Gesicht zeigte sich ein feines Lächeln, er hatte Peter erkannt. Dann sagte er sehr leise und sehr stokkend:

„Peter – ich weiß nicht – es ist etwas Schreckliches geschehen – aber ich kann mich nicht erinnern – die gnädige Frau wird sich sorgen – sie ist so gut zu mir – was ist passiert? – Bogie ist tot – o, Peter, bring mich heim zur Mutter!"

Peter nahm ihn fest in seine Arme, drückte ihn zärtlich an sich und sagte ihm langsam und deutlich ins Ohr:

„Hans, nun schlaf ein wenig. Es ist alles wieder gut."

Gehorsam schloß Hans die Augen und fiel in einen tiefen Schlaf. Der Arzt blieb bei ihm. Nach etwa zwei Stunden fühlte er noch einmal den Puls des Kranken. Dann flüsterte er mir zu, daß er nun doch Hoffnung habe. Der Schlaf scheine den Kranken zu stärken.

Ich ging schnell in mein Zimmer. Mein Herz war übervoll. Ich hatte jetzt nur ein einziges Bedürfnis: Gott zu danken.

Als ich zurückkam, schlug Hans gerade wieder die Augen auf. Er sah Peter an seinem Bett sitzen.

„Da ist ja Peter. Du weinst, Peter? – Wegen mir? – Ich bin so schrecklich müde!"

Nun gab ihm der Arzt ein wenig Rotwein, und darauf schlief Hans wieder ein, diesmal sehr tief und ruhig, und erwachte erst nach Mittag. Es war sein Genesungsschlaf. –

Über die Einzelheiten des nächtlichen Einbruchs sind wir nie näher unterrichtet worden. Als Hans wieder kräftiger war und das Bett verlassen konnte, vermieden wir es auf den Rat des Arztes hin, in Gegenwart des Jungen von dem Einbruch zu sprechen. Doktor Lüring meinte: „Hans erinnert sich nur bruchstückhaft an die ganze Geschichte. Es ist ihm alles wie ein böser Traum. Hoffen wir, daß er keinen Schock für sein ganzes Leben zurückbehält. Schicken Sie ihn in den nächsten Tagen für einige Zeit heim zu seinen Eltern, Damit er in eine andere Umgebung kommt, wo ihn keine bösen Erinnerungen quälen und er das Vorgefallene schneller vergißt."

Hans ging dann für einige Wochen heim zu Vater und Mutter und kam anschließend gesund und kräftig wieder zu uns zurück – diesmal aber nicht als Hausdiener, sondern als Gärtner. Es folgte dann eine Zeit ungetrübter Freude für ihn. Er verbrachte seine Tage in unserem großen Garten und im Gewächshaus, hielt die Anlagen in Ordnung und versorgte unsere Wohnung mit Blumen und die Küche mit Gemüse und Früchten, mit allem, was eine Köchin zu schätzen weiß. –

Etwa zwei Jahre später hat Hans Kohl uns dann für immer verlassen. Sein Vater war in der eigenen Gärtnerei auf die Hilfe des Jungen angewiesen. Aber wir wurden von unserem Hans nicht vergessen. Noch längere Zeit fand sich Jahr für Jahr auf meinem Geburtstagstisch ein prächtiger Rosenstrauß „mit H. und P. Kohls dankbarer Hochachtung", und ich wußte, daß der Absender ein feiner junger Marktgärtner war. Und bei jedem gelegentlichen Rückblick auf die früheren Jahre sah ich neben diesen kostbaren Rosen auch einen welken Strauß wilder Feldblumen vor mir, die mir von einem kleinen müden Jungen mit großen blauen Augen überreicht wurden. Und ich hörte im Geiste eine schüchterne, auffallend tiefe Stimme sagen: „Bitte, gnädige Frau, es ist Hans Kohl, und ich bin gekommen, um bei Ihnen zu wohnen."

Quellennachweis:

Die vorstehenden vier Erzählungen entstammen folgenden Quellen:

Schiff in Not!
Originaltext: „Wer reich werden will" (Erzählung von der friesischen Küste) von C. Schütz
in „Die Tenne", Christliche Monatsschrift für die herangewachsene Jugend; Jahrgang 1923; Tenne-Verlag Wuppertal-Elberfeld

Allein in London
von Hesba Stretton
Konstanz; Verlag von Carl Hirsch A. G.

Bessies Mission
Familienbild aus dem Amerikanischen
Für jung und alt erzählt von C. A. B.
Konstanz; Christlicher Buch- und Kunstverlag Carl Hirsch A. G.

Hans Kohl
oder: Im Kleinen getreu
von Emma Gellibrand
Cassel; Dritte Auflage; 1902
Druck und Verlag von J.G. Oncken Nachfolger (G. m. b. H.)

Überarbeitung und Nachdruck erfolgten mit freundlicher Genehmigung der genannten Verlage bzw. deren Rechtsnachfolger.